哲理

中国化时代化的马克思主义立场观点方法

董振华 等◎著

中国财经出版传媒集团
中国财政经济出版社

图书在版编目（CIP）数据

哲理：中国化时代化的马克思主义立场观点方法 / 董振华等著 . -- 北京：中国财政经济出版社，2023.5

ISBN 978-7-5223-2207-0

Ⅰ．①哲… Ⅱ．①董… Ⅲ．①习近平新时代中国特色社会主义思想—学习参考资料 Ⅳ．① D610.4

中国国家版本馆 CIP 数据核字（2023）第 081497 号

责任编辑：罗亚洪　　特约编辑：陈　娟

封面设计：豆安国　　责任印制：张　健

哲理：中国化时代化的马克思主义立场观点方法

ZHELI: ZHONGGUOHUA SHIDAIHUA DE MAKESIZHUYI LICHANG GUANDIAN FANGFA

中国财政经济出版社 出版

URL：http://www.cfeph.cn

E-mail：cfeph@cfemg.cn

社址：北京市海淀区阜成路甲 28 号　邮政编码：100142

营销中心电话：010-88191522

天猫网店：中国财政经济出版社旗舰店

网址：https://zgczjjcbs.tmall.com

北京中科印刷有限公司印刷　各地新华书店经销

成品尺寸：165mm×235mm　16 开　14 印张　128 千字

2023 年 5 月第 1 版　2023 年 5 月北京第 1 次印刷

定价：45.00 元

ISBN 978-7-5223-2207-0

（图书出现印装问题，本社负责调换，电话：010-88190548）

本社图书质量投诉电话：010-88190744

打击盗版举报热线：010-88191661　QQ：2242791300

前言

PREFACE

全面准确把握“六个必须坚持”

习近平总书记在参加党的二十大广西代表团讨论时强调，学习贯彻党的创新理论，要理解把握其世界观和方法论，坚持好、运用好贯穿其中的立场观点方法。这一重要要求，为我们学习贯彻党的二十大精神，在新时代伟大实践中不断开辟马克思主义中国化时代化新境界指明了方向。党的二十大报告指出，“继续推进实践基础上的理论创新，首先要把握好新时代中国特色社会主义思想的世界观和方法论，坚持好、运用好贯穿其中的立场观点方法”①。党的二十大报告首次系统阐明了习近平新时代中国特色社会主义思想的世界观和方法论，即“六个必须坚持”：必须坚持人民至上、必须坚持自信自立、必须坚持守正创新、必须坚持问题导向、必须坚持系统观念、必须坚持胸怀天下。

① 习近平：《高举中国特色社会主义伟大旗帜 为全面建设社会主义现代化国家而团结奋斗——在中国共产党第二十次全国代表大会上的报告》，人民出版社 2022 年版，第 18—19 页。

作为习近平新时代中国特色社会主义思想的精髓，“六个必须坚持”不仅是推进马克思主义中国化时代化的根本遵循，也是习近平新时代中国特色社会主义思想的世界观和方法论，还是用于指导新时代中国特色社会主义事业的基本立场观点方法。真学真懂真信真用习近平新时代中国特色社会主义思想，不仅知其然，还要知其所以然，不仅知其言，还要知其义，搞清楚其中所蕴含的道理、学理、哲理。这个“所以然”和“义”，就是习近平新时代中国特色社会主义思想的世界观和方法论，就是贯穿其中的立场观点方法。我们只要完整、系统、深刻地把握习近平新时代中国特色社会主义思想的世界观和方法论，就能够真正领悟二十一世纪马克思主义的精髓要义，就能够活学活用习近平新时代中国特色社会主义思想指导实践和推动工作，让当代中国马克思主义放射出更加灿烂的真理光芒。

一、“必须坚持人民至上”，这是回答我们党的理论和实践中“我是谁和为了谁”的出发点问题

人民性是马克思主义的本质属性。习近平总书记指出：“马克思主义坚持实现人民解放、维护人民利益的立场，以实现人的自由而全面的发展和全人类解放为己任，反映了人类对理想社会的美好憧憬。”[①] 人类解放是马克思主义的核心价值追求，人民立场是中国共产党的根本政治立场。作为马克思主义执政党，我们的理论和实践

① 习近平：《在哲学社会科学工作座谈会上的讲话》，人民出版社2016年版，第8—9页。

都必须扎根人民、为了人民、造福人民。坚持人民至上，是习近平新时代中国特色社会主义思想的价值原点，充分体现了马克思主义的核心价值追求，包含了对中国特色社会主义价值取向、发展动力的科学回答和阐述，是对马克思主义唯物史观的创造性运用。为实现人民的根本利益，可以牺牲个人的一切，甚至不惜牺牲生命，这就是共产党人的人生观和价值观，即共产党人确立生命意义的信仰之基。党的根本宗旨是全心全意为人民服务，党的根本政治立场是人民立场，那么，检验党的一切工作的根本标准应该是以人民利益为标准。坚持人民至上，必须坚持群众观点和群众路线，只有始终相信人民，紧紧依靠人民，充分调动广大人民的积极性、主动性、创造性，才能凝聚起众志成城的磅礴之力。习近平新时代中国特色社会主义思想始终贯穿着马克思主义的人民立场，充分体现了当代中国共产党人的根本立场、价值取向和责任担当。

二、“必须坚持自信自立”，这是回答中国特色社会主义理论和事业“相信谁和依靠谁”的立足点问题

坚持人民至上，就是相信人民才是真正的英雄，认为从来就没有救世主，也没有上帝能够拯救人类，只能依靠人民自己解放自己。这样就不会迷信神灵，也不会迷信别人，内在蕴含着坚持自信自立。中国人民和中华民族从近代以后的深重苦难走向伟大复兴的光明前景，“从来就没有教科书”是指没有放之四海而皆准的永恒真理，不要迷信西方理论，也不要把马克思主义教条化。西方的理论是他们的经验总结，里面有着他们的立场观点方法，不能作为我们的行动指南，马克思主义“真经”没念好，总想着“西天取经”，难免会误入歧途、走向邪路。即使是对待马克思主义，也必须坚持其真理，而不是照抄照搬教条主义，教条主义不是马克思主义，而是反马克思主义。“更没有现成答案”，是指没有现成的经验可以照抄照搬，世界上既不存在定于一尊的现代化模式，也不存在放之四海而皆准的现代化标准，每个国家必须根据自己的国情选择适合自己的现代化道路，避免邯郸学步，陷入经验主义。人类历史上没有一个民族、一个国家可以通过依赖外部力量、照搬外国模式、跟在他人后面亦步亦趋实现强大和振兴。坚持把国家和民族发展放在自己力量的基点上，坚持中国的事情必须由中国人民自己作主、自己来处理，党和人民的事业才能有底气、有力量、有保障。

三、“必须坚持守正创新”，这是回答我们党的理论和实践“坚守什么和突破什么”的原则性问题

我们要坚持对马克思主义的坚定信仰、对中国特色社会主义的坚定信念，坚定道路自信、理论自信、制度自信、文化自信，以更加积极的历史担当和创造精神，为发展马克思主义作出新的贡献，既不能刻舟求剑、封闭僵化，也不能照抄照搬、食洋不化，这本身就蕴含着守正创新。“守正”就要坚定对马克思主义的信仰，用发展着的马克思主义指导新的实践，必须坚持马克思主义的本真精神，紧紧抓住马克思主义一以贯之的精髓，牢牢把握马克思主义一脉相

承的“脉”，即坚持马克思主义基本原理不动摇，坚持党的全面领导不动摇，坚持中国特色社会主义不动摇。这三个“不动摇”，归根结底就是坚持马克思主义的真理不动摇。“创新”就是要活学活用马克思主义活的灵魂，在把马克思主义基本原理同中国具体实际相结合、同中华优秀传统文化相结合的基础上，扎根社会实践、立足当今时代、面向现实问题，提出新的思路、新的战略、新的举措，不断推动理论创新和实践创新，并在理论创新和实践创新的良性互动中不断与时俱进。我们从事的是前无古人的伟大事业，守正才能不迷失方向、不犯颠覆性错误，创新才能把握时代、引领时代。

四、“必须坚持问题导向”，这是回答我们党的理论和实践是“干什么和怎么干”的着力点问题

坚持守正创新，归根到底是用发展着的马克思主义解决实际问题，推动中国特色社会主义伟大事业，因此守正创新必须紧跟时代步伐，坚持问题导向着眼于解决现实问题。坚持问题导向和增强问题意识，既充分彰显了马克思主义实事求是、不尚空谈和直面问题的实践品格，也内在蕴含着唯物辩证法的矛盾观点和矛盾分析方法。矛盾是普遍存在的，是事物联系的实质内容和事物发展的根本动力。问题是事物矛盾的表现形式，只要有矛盾就会有问题，因此只要在社会中生活和存在，就不可能不遇到问题。人们的社会生活，实际上就是不断遇到问题、发现问题和解决问题的过程。有问题不可怕，可怕的是发现不了或者不敢直面问题，找不到解决问题的思路。我们党领导人民干革命、搞建设、抓改革，从来都是为了解决中国的现实问题。当代中国正在经历人类历史上最为宏大而独特的实践创新，改革发展稳定任务之重、矛盾风险挑战之多、治国理政考验之大都前所未有，面临并正在经历世界百年未有之大变局，更面临着许多亟待回答的理论和实践课题。如果没有强烈的问题意识，就不能有效破解改革和发展过程中的各种难题，中国特色社会主义事业就难以推进。为此，我们要增强问题意识，聚焦实践遇到的新问题、改革发展稳定存在的深层次问题、人民群众急难愁盼问题、国际变局中的重大问题、党的建设面临的突出问题，不断提出真正解决问题的新理念新思路新办法。

五、"必须坚持系统观念"，这是回答谋划与推进党和国家各项事业"怎么看和怎么办"的方法论问题

在中国这样一个大国，实现十几亿人的现代化是前无古人的伟大事业，更是十分艰巨和长远的事业，必须根据科学的思想方法和工作方法，学会"十个指头弹钢琴"。坚持系统观念对党和国家各项事业进行前瞻性思考、全局性谋划、战略性布局、整体性推进。万事万物是相互联系、相互依存的，都是作为系统而存在、作为系统而发展的。只有坚持系统观念，用普遍联系的、全面系统的、发展变化的观点观察事物，才能把握事物发展规律。我国是一个发展中大国，仍处于社会主义初级阶段，正在经历广泛而深刻的社会变革，推进改革发展、调整利益关系往往牵一发而动全身。我们党面对着十分复杂的国内外环境，肩负着繁重的执政使命，如果缺乏科学理论思维的有力支撑，是难以战胜各种风险和困难的，也是难以不断前进的。我们在工作中必须坚持系统观念，善于通过历史看现实、透过现象看本质，把握好全局和局部、当前和长远、宏观和微观、主要矛盾和次要矛盾、特殊和一般的关系，不断提高战略思维、历史思维、辩证思维、系统思维、创新思维、法治思维、底线思维能力，为前瞻性思考、全局性谋划、整体性推进党和国家各项事业提供科学思想方法。坚持系统观念，充分彰显了唯物辩证法的精髓和核心要义。

六、“必须坚持胸怀天下”，这是回答我们在世界上“秉持什么样的天下观和如何观天下”的文明观问题

中华民族伟大复兴不是敲锣打鼓就能够实现的，我们要统筹中华民族伟大复兴战略全局和世界百年未有之大变局，立足国内，放眼世界，深刻认识错综复杂的国际局势对我国的影响，既保持战略定力又善于积极应变，既集中精力办好自己的事，又积极参与全球治理、为国内发展创造良好环境，这就必须坚持胸怀天下。坚持胸怀天下，深深植根于中华优秀传统文化之中，“万物并育而不相害，道并行而不相悖”“夫和实生物，同则不继”，世界大同，和合共生，是中华5000多年文明一直秉持的和而不同、兼容并蓄的天下理念。坚持胸怀天下，深深体现了中国共产党关注世界发展和人类进步事业的天下情怀，也体现了中国共产党致力于实现全人类解放的崇高的共产主义远大理想，以及立志于推动构建人类命运共同体的使命担当和博大胸襟。中国从不主张非此即彼的零和博弈思维，始终倡导兼容并蓄的理念，并切身践行这一理念，将自身发展机遇同世界各国分享，欢迎世界上其他国家搭上中国发展的“快车”，共享中国发展的成果；同时，我们也希望世界各国能够携起手来共同应对全球挑战，希望通过汇聚大家的力量为解决全球性问题作出更多积极的贡献。

实践没有止境，理论创新也没有止境。我们要突破前人，后人也必然会突破我们，这是社会前进的必然规律。马克思主义是随着时代、实践、科学发展而不断发展的开放的理论体系，它并没有结束真理，而是开辟了通向真理的道路。中国特色社会主义还会往前走，还会有很多新的发展，我们要把坚持马克思主义和发展马克思主义统一起来，在实践中不断坚持和发展真理，在科学理论的指导下不断推动造福人民的伟大实践，在理论和实践的互动中，不断开辟马克思主义新境界和中国特色社会主义事业新局面。

目　录

CONTENTS

第一章

必须坚持人民至上

人民至上是习近平新时代中国特色社会主义思想中排在第一位的世界观和方法论。作为新时代新征程上的一个重要价值理念，必须从中国共产党百年人民观的历史演进中、从理论与实践的交相互动中才能获得比较科学的理解和把握。中国共产党的百年历史不仅实现了马克思主义整体形态上的中国化时代化，而且实现了具体观点上的中国化时代化，人民至上直接根源于中国化时代化的人民观。全面建设社会主义现代化国家所面临的国际国内形势，特别是民粹主义导致的种种问题构成人民至上提出的现实基础。在实践中坚持人民至上必须统筹好党与群众、国内与国际、理念与制度等一系列重要关系。

党的根基在人民、血脉在人民、力量在人民。正因为“人民”二字在中国共产党意识形态话语体系中的重要性，所以“人民至上”这一概念一经提出，就成为理论界探讨的热点话题。回顾近几年的研究，理论界主要围绕下面一些问题展开：如何理解人民至上？人民至上从何而来？为什么要坚持人民至上？坚持人民至上的历史经验是什么？如何践行人民至上？等等。必须承认，我们在每一方面都形成了一些具有代表性的研究成果。但与此同时也产生了一些问题：如何理解人民至上、以人民为中心的发展思想以及以人民为中心三者之间的关系？人民至上与人民立场有何区别与联系？如何理解人民至上是习近平新时代中国特色社会主义思想中排在第一位的世界观与方法论？等等。问题的关键在于我们需要一种历史思维，只有将“人民至上”这一理念放在中国共产党百年人民观的历史演进中、放在理论与实践的交相互动中，才能获得比较科学的理解和把握。

一、中国共产党人民观的历史演进

人民观指的是关于人民的基本看法和观点。中国共产党的人民观就是中国共产党在 100 多年的历史发展进程中对人民的基本看法和观点。习近平总书记在 2021 年 2 月 20 日党史学习教育动员大会上的讲话中指出：“我们党的百年历史，就是一部践行党的初心使命的历史，就是一部党与人民心连心、同呼吸、共命运的历史。”[①] 为人民而生，始终同人民在一起，任何时候都把群众放在第一位，为人民利益而不懈奋斗，这可以说是 100 多年中国共产党人民观的一个简要概括。任何事物都是共性和

① 《习近平谈治国理政》第四卷，外文出版社 2022 年版，第 511 页。

个性的统一。列宁曾说，一般只能在个别中存在，只能通过个别而存在。[①]中国共产党的人民观也是共性和个性的统一。由于时代的不同，由于社会背景的不同，由于主要任务的不同，中国共产党的人民观在不同历史阶段又呈现不同的个性特征。下面，我们就将其中的核心理念作一下简要的梳理。

（一）尊重人民的主体地位

从1840年第一次鸦片战争开始，中国逐步沦为半殖民地半封建社会。为了拯救民族危亡，中国共产党自诞生起就承担起反对帝国主义、封建主义、官僚资本主义，争取民族独立、人民解放的历史重任。由于特殊的国情，武装斗争成为中国革命的显著特点。武装斗争是在敌强我弱、敌大我小的条件下进行的，因此不能仅仅依靠工人阶级，不能像发达资本主义国家那样利用工人阶级经济的、政治的罢工，而是必须采取人民战争的形式。为了广泛动员人民参与战争，毛泽东尤其强调人民的主体地位，“人民，只有人民，才是创造世界历史的动力”[②]。他还把人民的力量比作“铜墙铁壁”，“真正的铜墙铁壁是什么？是群众，是千百万真心实意地拥护革命的群众。这是真正的铜

① 《列宁全集》第五十五卷，人民出版社2017年版，第307页。
② 《毛泽东选集》第三卷，人民出版社1991年版，第1031页。

墙铁壁，什么力量也打不破的，完全打不破的”[①]。在 1935 年 12 月 25 日通过的《中共中央关于目前政治形势与党的任务的决议》中，我们党修改了之前“中国共产党是无产阶级先锋队”的说法，提出：“中国共产党是中国无产阶级的先锋队。他应该大量吸收先进的工人雇农入党，造成党内的工人骨干。同时中国共产党又是全民族的先锋队，因此一切愿意为着共产党的主张而奋斗的人，不问他们的阶级出身如何，都可以加入共产党。”[②]

与尊重人民主体地位直接相关的一个问题是，如何确定中国共产党自身的定位？毛泽东的重大贡献在于为我们确立了“党与群众关系”的分析框架。毛泽东指出，我们是革命战争的领导者、组织者，又是群众生活的领导者、组织者，要想得到群众的拥护，“就得关心群众的痛痒，就得真心实意地为群众谋利益”[③]。在《论联合政府》中，毛泽东系统论述了全心全意为人民服务的思想，并将其作为与其他任何政党相区别的一个显著标志，他说：“全心全意地为人民服务，一刻也不脱离群众；一切从人民的利益出发，而不是从个人或小集团的利益出发；向人民负责和

① 《毛泽东选集》第一卷，人民出版社 1991 年版，第 139 页。
② 《建党以来重要文献选编（1921—1949）》第十二册，中央文献出版社 2011 年版，第 549 页。
③ 《毛泽东选集》第一卷，人民出版社 1991 年版，第 138 页。

向党的领导机关负责的一致性；这些就是我们的出发点。”[①] 党的七大将“全心全意为人民服务”写入了党章。

（二）让人民群众活跃起来

中华人民共和国成立之前，毛泽东就强调，我们是人民民主专政，各级政府都要加上“人民”二字，各种政权机关都要加上“人民”二字。人民政府、人民法院、人民解放军、人民教师等，这些成了老百姓生活中政治意味浓厚的称呼。特别是1954 年宪法的颁布，从根本大法层面确立了我国的国体和政体，规定了人民群众各项权利，人民的主体地位得到空前确立。与此同时，从社会的角度来看，广大人民群众前所未有地组织起来。1949 年 9 月 30 日，毛泽东在《中国人民大团结万岁》中就郑重宣告：“全国同胞们，我们应当进一步组织起来。我们应当将全中国绝大多数人组织在政治、军事、经济、文化及其他各种组织里，克服旧中国散漫无组织的状态。”[②] 此后，绝大多数中国人都被组织到“公”字号的各种组织当中。组织起来，作为一项巨大的社会治理工程，对国家安全和社会稳定发挥了重要作用。

1978 年改革开放之后，党和国家的工作重点转向了经济建

① 《毛泽东选集》第三卷，人民出版社 1991 年版，第 1094—1095 页。
② 《毛泽东文集》第五卷，人民出版社 1996 年版，第 348 页。

设，建立在计划经济基础上的人民公社制度及城乡分割的二元结构，越来越成为生产力发展的束缚。我们党面临的一个重大问题是如何让人民群众真正活跃起来，集中力量做人民所希望的事情。邓小平在 1987 年 5 月 12 日会见荷兰首相吕贝尔斯的谈话中指出，"中国真正活跃起来，真正集中力量做人民所希望做的事情，还是在一九七八年底党的十一届三中全会以后"[①]。为了让人民群众真正活跃起来，邓小平采用的办法是尊重人民群众的首创精神。"农村搞家庭联产承包，这个发明权是农民的。农村改革中的好多东西，都是基层创造出来，我们把它拿来加工提高作为全国的指导。"[②]要把人民"拥护不拥护""赞成不赞成""高兴不高兴""答应不答应"作为制定各项方针政策和作出决断的出发点和落脚点；要把是否有利于提高人民的生活水平作为判断各项工作是非得失的标准之一。

（三）代表最广大人民的根本利益

进入新世纪之后，国际形势发生了广泛而深刻的变化，国内改革和建设也出现了许多新情况、新特点，能不能抵御各种风险挑战，继续把中国特色社会主义推向前进，关键取决于我们党，取决于党的思想、组织、作风、纪律状况和战斗力、领

① 《邓小平文选》第三卷，人民出版社 1993 年版，第 232 页。
② 《邓小平文选》第三卷，人民出版社 1993 年版，第 382 页。

导水平。江泽民指出："如何使我们党始终保持旺盛的生命力，是我们必须认真思考的一个重大课题。"[①] 在这种情况下，我们党提出"三个代表"重要思想，其中特别强调要代表最广大人民的根本利益。这是因为在建立公有制为主体、多种所有制经济共同发展的基本经济制度的时候，由于经济形式总要以人格化的形式，包括阶级、阶层的形式表现出来，我们就面临着如何对待社会结构的重大变动及社会分层的问题，就面临着更好地统筹各方面利益的问题。

中国共产党代表最广大人民的根本利益突出地解决了几个问题。一是广泛的覆盖性。随着改革开放的深入发展，计划经济体制下党员、群众基本都在政府直接管理的部门或单位中工作的情况发生了改变，如人们的流动性大大增强了，农民与基层组织的关系也与过去不同了，出现了一些新的经济组织和社会活动领域等，这就要求党的领导必须切实有效地覆盖这些领域。二是有效的领导力。在公有制为主体、多种所有制经济共同发展的格局下，非公有制经济在社会发展中的作用越来越突出，这就要求加强党在这些领域中的领导，把这些领域中的群众团结和组织在党的周围。三是协调不同群体之间的利益关系。人民群众中存在各种不同的群体，由于劳动性质、就业方式、

① 《江泽民文选》第三卷，人民出版社 2006 年版，第 14 页。

收入分配等条件的变化，不同地区、不同部门、不同职业、不同方面群众的具体利益出现了各种各样的差别，在这种情况下，就必须协调好全体人民根本利益与不同社会群体具体利益之间的关系。

（四）以人为本的核心立场

人类社会是一个大系统，这个系统是由经济、政治、文化、社会、生态等多方面组成的，这些方面紧密联系、互为条件。2003 年非典疫情突然袭来，胡锦涛在广东省疾病预防控制中心同医务工作者座谈时强调："我们要始终把人民群众安危冷暖放在心上，当前，要把防治非典工作作为关系人民群众身体健康和生命安全、关系改革发展稳定大局的一件大事，切实抓紧抓好。"[①] 非典疫情以突然的方式将经济发展中的一些深层次矛盾暴露出来。例如，公共卫生事业发展滞后，公共卫生体系存在缺陷；突发卫生事件应急机制不健全，处理危机能力不强；经济发展和社会发展不协调，城市发展和农村发展不平衡；等等。以人为本作为科学发展观的核心，就是要把人民的利益作为一切工作的出发点和落脚点，不断满足人们多方面需求和促进人的全面发展。

---

① 《胡锦涛文选》第二卷，人民出版社 2016 年版，第 22 页。

以人为本包含两方面的含义，一是侧重于人是手段，要发挥人作为劳动者这一生产力中最重要组成要素的作用，把人力资源开发作为我国发展的根本动力和途径；二是侧重于人是目的，要扭转重物不重人的现象，改变一些地区、一些方面存在的单纯追求 GDP（国内生产总值）和利润增长，忽视人的需要、人的价值，甚至是牺牲人的生命换取一时的经济发展的弊端。胡锦涛指出："坚持以人为本，就是要以实现人的全面发展为目标，从人民群众根本利益出发谋发展、促发展，不断满足人民群众日益增长的物质文化需要，切实保障人民群众经济、政治、文化权益，让发展成果惠及全体人民。"[①] 经济发展、政治发展、文化发展和人的全面发展是相互联系、相互影响的，要防止片面性，要防止出现因发展不平衡而制约发展的局面。

（五）以人民为中心的发展思想

"十三五"时期是全面建成小康社会、实现党的"两个一百年"奋斗目标的第一个百年奋斗目标的决胜阶段。全面建成小康社会强调的不仅是"小康"，更为关键、更为难做的是"全面"，因此必须着力解决一些经济社会发展中的突出问题和明显短板。在诸多问题和短板中，民生领域及一些特定群体是其

① 《胡锦涛文选》第二卷，人民出版社 2016 年版，第 166—167 页。

中重要的两个方面。2015 年 10 月 29 日，党的十八届五中全会通过的《中共中央关于制定国民经济和社会发展第十三个五年规划的建议》在“坚持人民主体地位”这一原则中，提出了以人民为中心的发展思想，“必须坚持以人民为中心的发展思想，把增进人民福祉、促进人的全面发展作为发展的出发点和落脚点”[①]。这一思想的提出，就是要着力解决人民群众普遍关心的就业、教育、社保、住房、医疗等问题，就是要突出农村贫困人口、城镇低保人口、农民工、城镇登记失业人员等特定群体，将优势资源聚集到这些领域和这些群体。习近平总书记在党的十八届五中全会第二次全体会议上的讲话中指出：“我们要坚持以人民为中心的发展思想，针对特定人群面临的特定困难，想方设法帮助他们解决实际问题。”[②]

此后，习近平总书记在多个场合都谈到了以人民为中心的发展思想。从整体上看，一是延续之前的用法，用于脱贫攻坚、共同富裕等方面。例如，“只要我们始终坚持以人民为中心的发展思想，一件事情接着一件事情办，一年接着一年干，就一定能够不断推动全体人民共同富裕取得更为明显的实质性进展！”[③]二是集中于发展、发展观层面，用以统领新发展理念。

---

① 《十八大以来重要文献选编》(中)，中央文献出版社 2016 年版，第 789 页。
② 《十八大以来重要文献选编》(中)，中央文献出版社 2016 年版，第 832 页。
③ 《习近平谈治国理政》第四卷，外文出版社 2022 年版，第 134 页。

例如，“只有坚持以人民为中心的发展思想，坚持发展为了人民、发展依靠人民、发展成果由人民共享，才会有正确的发展观、现代化观”[①]。三是在“以人民为中心的发展思想”中去掉几个字，直接采用“以人民为中心”的提法，把以人民为中心的执政理念拓展到治国理政的方方面面。例如，党的十九大报告关于在新时代坚持和发展中国特色社会主义的十四条基本方略中第二条就是“坚持以人民为中心”，其中涵盖了“人民是历史的创造者”“必须坚持人民主体地位”“践行全心全意为人民服务的根本宗旨”“党的群众路线”“依靠人民”等内容。

（六）人民至上的价值理念

新冠疫情暴发后，做好疫情防控工作直接关系到人民生命安全和身体健康，直接关系到经济社会发展大局。2020 年 5 月，习近平总书记在全国“两会”期间参加内蒙古代表团审议时强调：“在重大疫情面前，我们一开始就鲜明提出把人民生命安全和身体健康放在第一位。……人民至上、生命至上，保护人民生命安全和身体健康可以不惜一切代价！”[②]2020 年 9 月，在全国抗击新冠肺炎疫情表彰大会上他再一次强调，“在保护人民生命安全面前，我们必须不惜一切代价，我们也能够做到不惜

① 《习近平谈治国理政》第四卷，外文出版社 2022 年版，第 171 页。
② 《习近平谈治国理政》第四卷，外文出版社 2022 年版，第 53—54 页。

一切代价”[1]，“为了保护人民生命安全，我们什么都可以豁得出来！”[2]从当时的情况来看，人民至上理念的提出，是迫切回应当时疫情防控客观形势的需要。坚决遏制疫情蔓延的势头，需要同时间赛跑，需要坚持全国一盘棋，需要各个地方坚决服从党中央统一指挥、统一协调、统一调度，需要在较短时间内形成严密的防控体系。

此后，人民至上在中国共产党的意识形态话语体系中出现了两次重大变化，第一次是在 2021 年 11 月 11 日党的十九届六中全会通过的《中共中央关于党的百年奋斗重大成就和历史经验的决议》中，将“坚持人民至上”作为中国共产党 100 年来领导人民进行伟大奋斗积累的宝贵历史经验之一，总共谈到 10 条历史经验，坚持党的领导、坚持人民至上、坚持理论创新、坚持独立自主、坚持中国道路、坚持胸怀天下、坚持开拓创新、坚持敢于斗争、坚持统一战线和坚持自我革命，其中坚持人民至上排在第二位。另外一次是在 2022 年 10 月 16 日中国共产党第二十次全国代表大会通过的《高举中国特色社会主义伟大旗帜 为全面建设社会主义现代化国家而团结奋斗》中，将必须坚持人民至上明确界定为习近平新时代中国特色社会主义思想的世界观和方法论，总共谈到了六条，必须坚持人民至上、必须

① 《习近平谈治国理政》第四卷，外文出版社 2022 年版，第 98 页。
② 《习近平谈治国理政》第四卷，外文出版社 2022 年版，第 99 页。

坚持自信自立、必须坚持守正创新、必须坚持问题导向、必须坚持系统观念和必须坚持胸怀天下，其中必须坚持人民至上是排在第一位的世界观和方法论。

二、坚持人民至上的理论逻辑

中国共产党人民观的历史演变从整体角度向我们展示了各个时期人民观所强调的侧重点，可以看出它们的基本内涵都与我们党当时所面临的形势任务密切相关。人民至上这一价值理念的提出也不例外。问题的关键在于，这一价值理念提出之后，迅速超越了当时的具体情境，不仅被用来总结中国共产党过去100年的历史经验，而且还作为现在及未来理论创新的一个带有普遍性的世界观和方法论。应该如何理解这种转换和提升？马克思、恩格斯在《共产党宣言》1872年德文版序言中讲过一段话，“不管最近25年来的情况发生了多大的变化，这个《宣言》中所阐述的一般原理整个说来直到现在还是完全正确的。某些地方本来可以作一些修改。这些原理的实际运用，正如《宣言》中所说的，随时随地都要以当时的历史条件为转移”[①]。这段话虽然是就《共产党宣言》来说的，但从一般方法论上却告诉我们

① 《马克思恩格斯选集》第一卷，人民出版社2012年版，第376页。

分析和研究理论的两个关键点，一个是“一般原理”，另一个是“当时的历史条件”。也就是说，探寻人民至上这一价值理念的理论逻辑一方面要从基本理论中去寻找，另一方面还要注意新时代新征程背景下具体历史条件的变化。

（一）理论基石

理论基石是一个理论建立的基础。党的二十大报告指出，中国共产党人深刻认识到，只有把马克思主义基本原理同中国具体实际相结合、同中华优秀传统文化相结合，坚持运用辩证唯物主义和历史唯物主义，才能正确回答时代和实践提出的重大问题。人民至上作为习近平新时代中国特色社会主义思想的一个重要价值理念，它的理论基石主要是两个方面，即马克思主义和中华优秀传统文化。这两个方面，更具体地看，又体现为三个维度。

1. 马克思主义唯物史观

中国共产党以马克思主义作为指导思想。唯物史观是马克思主义最具特色的理论贡献之一。一般而言，人们都承认自然界的规律。然而，当人们将视野从自然界转向人类社会的时候，往往怀疑甚至否定人类历史发展的规律。在唯物史观创立之前，社会中主要存在几种比较典型的唯心主义历史观。一种是神学历史观，主张人类社会历史是由某种超自然的神，如上帝创造的；一种是英雄史观，将帝王将相或少数英雄人物的意志夸大为决定历史发展进程的关键因素；还有一种资产阶级人道主义历史观，这种历史观的基础是抽象人性论，把抽象的人性看作历史的基础和推动社会进步的最终决定力量。与这些观点相反，唯物史观从社会存在决定社会意识的立场出发分析说明人类历史，找到了生产力与生产关系、经济基础与上层建筑这一社会基本矛盾，并指出人民群众在社会历史发展中的主体作用，认为人民群众是历史的创造者，是真正的英雄。唯物史观关于社会基本矛盾的原理，同人民群众是历史主体的原理是内在一致的，因为社会历史规律总是通过作为社会生活主体的人民群众活动实现的。中国共产党人民至上的价值理念就建立在马克思主义唯物史观的基础之上，即尊重人民群众的历史主体地位，承认人民是物质财富、精神财富的创造者，是决定人类社会变革的根本力量。

2. 中国化时代化的马克思主义

党的二十大报告指出：“实践告诉我们，中国共产党为什么能，中国特色社会主义为什么好，归根到底是马克思主义行，是中国化时代化的马克思主义行。”从理论创新的角度看，中国共产党的百年历史实际上就是马克思主义中国化时代化的历史。在这一过程中，我们不仅实现了马克思主义整体形态上的创新，形成了毛泽东思想、中国特色社会主义理论体系、习近平新时代中国特色社会主义思想，而且也实现了具体观点上的中国化时代化，如马克思主义人民观的中国化时代化。马克思主义人民观的中国化时代化也是在对一系列重要问题的创造性回答中实现的。“尊重人民群众的主体地位”“全心全意为人民服务”“群众路线”“让人民群众活跃起来”“尊重人民群众的首创精神”“三个有利于”“代表最广大人民的根本利益”“以人为本”“以人民为中心的发展思想”等都是其重要成果。

更为直接地看，人民至上的价值理念就是建立在这些中国化时代化人民观的具体成果上，体现了对这些成果的继承和发展。例如，对于全心全意为人民服务的宗旨，习近平总书记指出，中国共产党人的初心和使命，就是为中国人民谋幸福，为中华民族谋复兴。例如，对于代表最广大人民的根本利益，以习近平同志为核心的党中央强调，“实现好、维护好、发展好最广大人民根本利益是发展的根本目的”，“把增进人民福祉、促进人的全面发展作为发展的出发点和落脚点”，“党的一切工作，必须以最广大人民根本利益为最高标准”。例如，对于人民群众的主体作用，以习近平同志为核心的党中央强调，人民是历史的创造者，“中国梦归根到底是人民的梦，必须紧紧依靠人民来实现”，“改革开放是亿万人民自己的事业，必须坚持尊重人民首创精神”。例如，对于党的群众路线，以习近平同志为核心的党中央强调，群众路线是党的生命线和根本工作路线，“必须把党的群众路线贯彻到治国理政全部活动之中”。

3. 中华优秀传统文化

中华优秀传统文化是中华文明的智慧结晶，人民至上的价值理念深深植根于这一文化土壤。有学者梳理了“人民至上”与传统文化中民本、民心、利民思想的联系。如在民本方面，《尚书·五子之歌》中有“民惟邦本，本固邦宁”；《孟子·尽心章句下》中有“民为贵，社稷次之，君为轻”。在民心方面，《管子·牧民》中有“政之所兴在顺民心，政之所废在逆民心”；《道德经》中有“圣人常无心，以百姓心为心”。在利民方面，《管子·治国》中有“凡治国之道，必先富民”；《淮南子·汜论训》中有“治国有常，而利民为本”等。还有学者梳理了人民至上与传统民本思想中尚民、爱民、安民以及惠民思想之间的联系。尚民就是崇尚民众的根本地位，重视民众对于执政安邦的根基作用；爱民就是以仁爱作为施政原则；安民就是重视民心的安定、民生的安稳；惠民就是注重实施惠民的政策，让民众获得利益。应该说，从现有成果来看，理论界在分析人民至上与中华优秀传统文化时主要侧重于“民惟邦本”这一视角，但也有学者认为，应该将仁爱思想进一步延伸，“延伸为对万物之爱，把天地、宇宙视为一个大家庭”，并且认为“由‘尚民爱民’传统推演而成的仁爱万物思想有助于拓展‘人民至上’价值命题的内涵与外延，有助于寻求‘人民至上’价值命题与生态文明建设有机交融”①。

需要指出的是，中国共产党人作为中华优秀传统文化的继承者和弘扬者，不仅将人民至上的价值理念植根于传统文化中，而且赋予其时代内涵，实现了创造性转化和创新性发展。例如，传统文化中的尚民、爱民思想虽然提出了要以民为本，但更多的是以此作为手段，根本目的是要通过“民本”维护统治阶级自身的统治地位。同时，在阶级对立的社会中，“民本”更多地反映了知识分子和广大人民群众的一种美好理想，统治者则是把自己视为老百姓的“父母”，尚民、爱民仅仅是对人民的一种“恩赐”。此外，对中国共产党人来说，人民至上不仅是一种价值理念，还是具体的行动方案，它由一系列具体措施来保证这一理念的贯彻落实。相反，在传统文化中尚民、爱民更多地停留在口号中，很难真正落实到具体实践中。

（二）国内现实条件

马克思、恩格斯曾说：“意识在任何时候都只能是被意识到

① 戴茂堂、彭保林：《“人民至上”价值命题的双向拓展》，《江苏行政学院学报》2022年第2期。

了的存在，而人们的存在就是他们的现实生活过程。”[①] 在开启全面建设社会主义现代化国家、实现第二个百年奋斗目标的重要历史关头，将人民至上的价值理念提升到一个重要位置，其深刻的现实依据蕴含于新时代新征程中国共产党所面临的一系列国际国内的现实条件中。

就国内来看，首先，全面建设社会主义现代化国家需要团结广大人民群众继续努力奋斗。中国共产党自 1921 年成立以来，已经走过了 100 多年的光辉历程。在 100 多年的历程中，一方面，我们党从原来只有 50 多名党员的小党，发展到拥有 9600 多万名党员、具有重大全球影响力的世界第一大执政党，党自身取得了巨大的发展；另一方面，100 多年来，党带领广大人民群众浴血奋战、顽强拼搏，创造了新民主主义革命、社会主义革命和建设、改革开放和社会主义现代化、新时代中国特色社会主义的伟大成就，这是党领导人民共同书写的恢宏史诗。在全面建成小康社会的目标实现之后，我们现在还要向着全面建设社会主义现代化国家的目标继续迈进，这是我们的主要任务，在这一过程中还要继续调动广大人民群众的积极性、主动性、创造性，发挥其历史主体作用，还要和广大人民群众“一道拼”“一起干”。

① 《马克思恩格斯文集》第一卷，人民出版社 1999 年版，第 525 页。

其次，满足人民群众对美好生活的现实需求，需要人民至上理念的价值引领。中华人民共和国成立以来，我国人民群众的生活发生了巨大的变化，从温饱不足到总体小康，再到全面小康，一步一个台阶。但与此同时还要看到，一方面，我国人民群众生活品质还不高，在就业、教育、医疗、养老、托育、住房等方面还面临着不少难题；另一方面，人民对美好生活的需要日益广泛、愿望更加强烈，不仅对物质文化生活的要求提出了更高标准，而且在民主、法治、公平、正义、安全、环境等方面的要求日益增长。满足人民群众美好生活需要的过程实质上是对不同群体之间利益进行调整的过程，在这一过程中势必面临着以什么标准取舍的问题。“人民至上”中的“至上”就是强调最高，就是强调以最广大人民群众为根本依据。党要代表最广大人民的根本利益，以最广大人民的根本利益为自己行为的最高标准，除此之外再无其他标准。“党代表中国最广大人民根本利益，没有任何自己特殊的利益，从来不代表任何利益集团、任何权势团体、任何特权阶层的利益”，这就是我们党对全体人民的郑重宣誓。

最后，坚持人民至上是解决全面建设社会主义现代化国家最艰巨任务的必然要求。马克思主义反对抽象地谈论人，同样反对抽象地谈论人民。“人民至上”中的“人民”毫无疑问包含农民，包含与农民密切相关的农业、农村。在党的历史上一些领导人曾有意识地利用这种发展不平衡不充分。例如，毛泽东就指出了一条在农村建立革命根据地，以“农村包围城市、武装夺取政权”，最后夺取城市的革命道路；邓小平在改革开放之初也提出让一部分地区、一部分企业、一部分人先富裕起来，然后带动其他地区的发展战略。当前，发展的不平衡不充分已经成为社会主要矛盾的主要方面，已经到了必须予以关注并加以妥善解决的时候了。在发展的不平衡不充分中，城乡发展不平衡是最大的不平衡，农村发展不充分是最大的不充分。在全面建设社会主义现代化国家新征程上，必须始终把提升占人民群众很大比例的农民的幸福感作为我们党持续关注的重要任务，确保农业农村的现代化与其他领域中的现代化相互促进、协调发展。

（三）国际文化背景

当前，从世界范围来看，欧美一些国家和地区政治、文化上出现了一个突出的现象，即民粹主义的兴起。例如，出现了英国独立党、法国国民阵线、德国选择党等民粹主义政党；美国前任总统特朗普也被冠以“左翼民粹主义”或“右翼民粹主义”的称号。民粹主义的兴起不仅对本国的政治经济，而且对所属地区乃至整个国际局势都造成很大影响。在英国“脱欧”公投中英国独立党就起了推波助澜的作用；欧盟内部的民粹主义导致整个欧盟的未来也面临很多的不确定性；美国的贸易保护主义、退出多个多边主义进程更是使得持续多年的全球化进程面临越来越多的阻碍。造成这一系列问题的根本原因在于这些国家的精英阶层对人民大众权益的漠视，在于存在并持续加剧的“赢家”和“输家”之间的矛盾。

在全面建设社会主义现代化国家的历史关头，中国共产党高举人民至上的价值理念，就是要旗帜鲜明地反对西方精英阶层在新自由主义理论指导下的错误思想和行为，反对他们所认为的不平等状况加剧，社会分化、阶级矛盾激化理所当然，反对他们不想办法改善普通群众的生活状况，反而将普通群众称为“邪恶者、无能者和堕落者”，甚至是“乌合之众”。中国的指导思想、政治理念、政治制度与西方国家有着本质上的区别。一方面，我们要注意过度强调“人民意愿”，过度强调“人民利益”“人民名义”，可能会催生一些短期行为或者一些不切实际的利益承诺，这反而不利于人民群众长远利益和根本利益的实现。但是，另一方面，更为重要的是，我们必须高度警惕并着力防范各类精英阶层和普通民众之间二元对立的扩大化。近些年我国意识形态领域中民粹主义思潮的显性化就是其具体表现。现实社会中一些不公正、不合理的现象，如贫富差距加大、社会保障体系不完善、腐败现象频发等，为普通群众情绪的极端化提供了繁育的土壤。正是在这个意义上，习近平总书记强调人民至上这一价值理念，强调“要真正悟透群众是真正的英雄”。

（四）与其他理念的相互协调

在中国共产党的意识形态话语体系中，还有与人民至上相类似的一些理念，如人民立场、全心全意为人民服务、人民当家作主、尊重人民主体地位、以人民为中心的发展思想、以人民为中心等。如何科学地理解这些理念？或者说如何把这些理念融会贯通，使我们对它们有一个科学完整的理解？

首先，可以用人民至上来统领其他理念。这也是理论界一个比较一致的看法。例如，有学者认为，全心全意为人民服务的根本宗旨是“初始形态”，以人民为中心的发展思想，是习近平新时代中国特色社会主义思想的核心内容和价值取向，“人民至上是我们党全心全意为人民服务的根本宗旨和新时代以人民为中心发展思想的高度凝练和概括”[①]。也有学者认为，人民至上是一种抽象的理论表达，其本身是一种体系化的存在。“通过对人民至上的要素构成进行透视和解构，可以把人民至上的理论内核归纳提炼为理论基石、政治基础、基础依靠、价值旨归和根本方法五个方面内容。”[②]理论基石是人民立场，政治基础

① 郭建宁：《人民至上：中国共产党的核心价值》，《高校马克思主义理论研究》2022年第1期。
② 孙贺：《中国共产党坚持人民至上的理论内核》，《思想理论教育导刊》2022年第8期。

是人民当家作主，基本依靠是人民群众主体地位，价值旨归是发展成果更多更公平惠及全体人民，根本方法是采取群众路线。也有学者从字面上分析人民至上与其他理念的联系和区别。例如，“人民至上”强调人民处于立体结构中的顶端位置，“以人民为中心”强调人民位于平面结构中的中心位置；人民至上侧重于价值层面，以人民为中心侧重于工作层面。

其次，人民至上的价值理念是习近平新时代中国特色社会主义思想中一个独特的、带有标志性的概念。笔者认同用人民至上理念统领其他理念的基本思路，但现有的解读却导致两个问题的产生，一个问题是抽象化地理解中国共产党发展历史中一些重要理念，忽视了这些理念背后的时代针对性。解决的办法是阐明在我们党历史发展过程中，这些理念的具体内涵，在第一部分历史演变中已经作了梳理，在此不赘述。另外一个问题是与有些理念特别是本身就具有哲学意味的一些理念之间的联系和区别不太清楚。例如，人民至上与以人民为中心的区别，有学者认为人民至上是价值信仰，以人民为中心是价值理念，人民至上的价值信仰在治国理政方法论中转化为以人民为中心的价值理念。[①] 姑且不论价值信仰和价值理念的区分，实际上以人民为中心是在以人民为中心的发展思想基础上形成的，现在

① 鲁品越：《习近平以人民为中心的方法论体系的形成机制及其哲学意蕴》，《哲学研究》2022 年第 2 期。

大家比较接受的看法是认为以人民为中心的发展思想主要是实践层面的，例如有学者就指出，“以人民为中心的发展思想与人民至上的价值理念是内在统一的，是人民至上价值理念的当代实践形态”[①]。笔者认为，不仅以人民为中心的发展思想是实践层面的，以人民为中心也是实践层面的，其侧重点是论述基本方略。还有人民立场，人民立场本身也是哲学层面的表达，是我们党一直以来论述基本立场观点方法的习惯性表述。笔者认为，人民至上和人民立场都是侧重于世界观和方法论层面，但是前者是习近平新时代中国特色社会主义思想中的标志性概念，是其独特标识。

最后，人民至上的价值理念在具体领域中的展开。人民至上作为哲学层面的世界观和方法论体现到不同领域、不同层面则转化为一些具体理念。例如，具体到国际关系领域，则转化为“人类命运共同体”理念，要求尊重世界文明的多样性，要求各国人民和睦相处、合作共赢，共同应对各种全球性问题和挑战。具体到党的建设领域，则转化为中国共产党人的初心和使命，要求我们始终保持同人民群众的血肉联系，始终同人民同呼吸、共命运、心连心。具体到政治领域，则转化为人民当家作主的理念，要求国家一切权力属于人民，不断扩大人民有

① 郧乘光：《人民至上：中国共产党的核心价值理念》，《前线》2022 年第 7 期。

序政治参与，保证人民依法实行民主选举、民主协商、民主决策、民主管理、民主监督。这些具体领域和层面中的理念是对人民至上这一价值理念的丰富和拓展，共同深化了对共产党执政规律、社会主义建设规律、人类社会发展规律的认识。

三、坚持人民至上的实践要求

习近平总书记在谈到以人民为中心的发展思想时说："以人民为中心的发展思想，不是一个抽象的、玄奥的概念，不能只停留在口头上、止步于思想环节，而要体现在经济社会发展各个环节。"[①] 同样的道理，人民至上的价值理念也不能仅仅停留在概念上，而是要落实到全面建设社会主义现代化国家的具体行动中。这里需要我们统筹好党与群众、国内与国际、理念与制度等一系列重要关系。

（一）从人民的角度看

首先，要重视人民需要。对个人来说，人的需要是人存在、发展的原始动力。人的需要分为不同的类型，例如生理需要、安全需要、情感和归属的需要、尊重的需要以及自我实现的需

① 《习近平谈治国理政》第二卷，外文出版社 2017 年版，第 213—214 页。

要等。马克思主义哲学承认人的需要的客观性，它将侧重点从抽象地谈论人的需要转向研究具体历史条件下人的需要，从个人的需要转向人民大众的需要。正如马克思、恩格斯所说："过去的一切运动都是少数人的，或者为少数人谋利益的运动。无产阶级的运动是绝大多数人的，为绝大多数人谋利益的独立的运动。"① 中国共产党一直强调要把实现好、维护好、发展好最广大人民根本利益作为出发点和落脚点。当前，重视人民需要必须关注人的生命权。生命权是人最基本的权利，人的生命是最宝贵的，生命只有一次，失去不会再来。在以习近平同志为核心的党中央的坚强领导下，我们将人民生命安全和身体健康放在第一位，取得了统筹疫情防控和经济社会发展的重大积极成果，与此同时，还要看到疫情局部暴发的风险依然存在，控制疫情、保障群众正常生活、确保经济社会必要运行三者协调还需要付出艰苦、持续的努力。重视人民需要还必须关注安全发展。世界之变、时代之变、历史之变正以前所未有的方式展开，和平、发展、合作、共赢是人类发展的大趋势，但是也要看到在这一大趋势下，"世界又一次站在历史的十字路口"，我们正面临着前所未有的挑战。这就要求我们把安全发展放到更为突出的位置，坚持以人民安全为宗旨，统筹政治安全、经济安全、

① 《马克思恩格斯选集》第一卷，人民出版社 2012 年版，第 411 页。

军事科技文化社会安全等各种安全，不断健全国家安全体系，增强维护国家安全能力建设。重视人民需要还必须关注影响美好生活的其他方面。在全面建设社会主义现代化国家的背景下，人民美好生活需要日益广泛，在民主、法治、公平、正义、环境等方方面面都有了更高的要求、更进一步的期盼，我们必须从更高水平上去满足这些要求和期盼。

其次，要发挥人民力量。“历史活动是群众的活动，随着历史活动的深入，必将是群众队伍的扩大。”[①] 人民群众是社会历史发展的主体。习近平总书记在庆祝中国共产党成立100周年大会上的讲话中指出：“人民是历史的创造者，是真正的英雄。”“一百年来，我们取得的一切成就，是中国共产党人、中国人民、中华民族团结奋斗的结果。”[②] 在党的二十大报告中，他再一次强调：“新时代的伟大成就是党和人民一道拼出来、干出来、奋斗出来的！”在未来，“全面建设社会主义现代化国家，必须充分发挥亿万人民的创造伟力”。[③] 从现实条件来看，人民群众作为历史创造的主体都是在一定的历史条件下起作用的，在这一过程中不可避免地会受到各种主客观条件的制约，这就

① 《马克思恩格斯文集》第一卷，人民出版社2009年版，第287页。
② 习近平：《在庆祝中国共产党成立100周年大会上的讲话》，人民出版社2012年版，第9、8页。
③ 习近平：《高举中国特色社会主义伟大旗帜　为全面建设社会主义现代化国家而团结奋斗——在中国共产党第二十次全国代表大会上的报告》，人民出版社2022年版，第15、70页。

要求我们充分调动人民群众的积极性、主动性和创造性。要尊重人民群众的首创精神，人民群众蕴藏着无穷的智慧和无尽的创造力，不充分激活这些智慧和创造力任何事业都无法取得成功。必须毫不动摇地发展全过程人民民主。全过程人民民主是最广泛、最真实、最管用的民主，它实现了过程民主和成果民主、程序民主和实质民主、直接民主和间接民主、人民民主和国家意志相统一，是全方位、全链条、全覆盖的民主。还要大力发展协商民主和基层民主，协调民主是全过程人民民主的重要形式，基层民主是全过程人民民主的重要体现。

最后，要坚持人民评判。人民至上蕴含着一种价值标准。所谓价值，就是主体与客体之间一种意义关系。在人类出现之前，世界并无美丑、好坏、有用无用之分，自从有了人、有了人类，才有了事物与人之间的价值关系。价值往往是人们通过评价来把握的。人们通过评价揭示客体对主体是否有意义，意义是大还是小。评价作为一种主观性的判断活动，总是要依据一定的标准。从不同角度来看，可以把标准划分为不同的类别，其中有个体标准，也有社会标准；有历史标准，也有道德标准等。马克思主义哲学坚持无产阶级和人民群众的标准，也就是说，要以无产阶级和人民群众的利益为尺度。毛泽东曾说：“我们是无产阶级的革命的功利主义者，我们是以占全人口百分之九十以上的最广大群众的目前利益和将来利益的统一为出发点的……必须能使人民群众得到真实的利益，才是好的东西”[①]。习近平总书记说：“时代是出卷人，我们是答卷人，人民是阅卷人。”[②]在全面建设社会主义现代化国家的背景下，我们一定要坚持人民是我们党的工作的最高裁决者和最终评判者，做任何工作都不能自说自话、自吹自擂，关键要看人民是否得到真正的实惠，要看人民的幸福感、获得感、安全感是否增强。

（二）从政党的角度看

坚持人民至上，必须不断地加强和改善党的领导。可能有人认为二者的关系不大，或者说关系不那么紧密，实际上不然，二者关系密切。这与无产阶级政党在人民群众创造历史中的作用发挥息息相关。马克思、恩格斯在《共产党宣言》中就指出：“在无产阶级和资产阶级的斗争所经历的各个发展阶段上，共产党人始终代表整个运动的利益。”[③]这是因为只有在无产阶级政党的领导下，无产阶级以及广大人民群众才能认识到自己的历史使命，才能激发出历史主体的活力。中国共产党百年发展的历程很好地证明了这一点，正是中国共产党的坚强领导，人民群众才爆发出创造历史的磅礴力量。党的十九届六中全会通过

① 《毛泽东选集》第三卷，人民出版社 1991 年版，第 864 —865 页。
② 《习近平谈治国理政》第三卷，外文出版社 2020 年版，第 70 页。
③ 《马克思恩格斯文集》第二卷，人民出版社 2009 年版，第 44 页。

的《中共中央关于党的百年奋斗重大成就和历史经验的决议》指出："中国人民和中华民族之所以能够扭转近代以后的历史命运、取得今天的伟大成就，最根本的是有中国共产党的坚强领导。"①

作为一个执政党，要想坚持人民至上，必须深刻理解党内工作与群众工作的原则性区别。对此，中国共产党早期领导人曾有诸多论述，例如张闻天就说："党内工作的对象是最少数的最先进的共产党员。关于党的任务与策略等问题，只要向每一个同志解释清楚，就够了。这里宣传说服的方法，占主要的地位。而群众工作中的对象则是社会的、政治的、文化的水平极不相同的千百万广大群众。要提高他们的觉悟程度，使他们接受党所提出的主张与口号，单靠宣传说服的方法，是不够的。这里需要群众自身的政治经验。"② 以群众自身的政治经验为核心，这是坚持人民至上必须遵守的基本原则，也正是因为如此，人们才说党内工作简单得多、率直得多，而群众工作则复杂得多、曲折得多。现实生活中曾有些领导干部忽视这种差别，高高地站在群众之上，领导一切、指挥一切、发号施令。习近平总书记指出，要坚决反对特权思想和特权现象，"永远铭记人

① 《中共中央关于党的百年奋斗重大成就和历史经验的决议》，人民出版社 2021 年版，第 65 页。
② 《张闻天选集》，人民出版社 1985 年版，第 114 页。

民是共产党人的衣食父母，共产党人是人民的勤务员”[1]。坚持人民至上还必须以先进性建设为核心，不断地进行自我革命。马克思主义政党的先进性不是一劳永逸的，而是在不断自我革命的过程中淬炼的。为此，必须坚持和加强党中央集中统一领导，完善党的自我革命的制度体系，建设高素质干部队伍，坚持以严的基调强化正风肃纪等，始终牢记全面从严治党永远在路上，党的自我革命永远在路上。

（三）从制度的角度看

理念与制度密切相关。理念是制度的先导，有什么样的理念，就会产生什么样的制度；制度是理念落实的保证，抽象的理念现实化、具体化之后就成为相关制度。例如，在地主阶级占据统治地位的社会，为了弘扬所谓的“皇权至上”，就必然要建立相应的封建制度。为了“人的全面而自由发展”，马克思、恩格斯设想在未来的社会中必须铲除私有制，必须实行与按资分配相对立的按劳分配制度。中国共产党一诞生就将消灭私有制写入党的纲领，消灭资本家私有制，没收机器、土地、厂房和半成品等生产资料，归社会共有。社会主义制度的建立使得人民当家作主有了切实的保证。生产资料公有制和按劳分配制

---

① 习近平：《在“不忘初心、牢记使命”主题教育工作会议上的讲话》，人民出版社2019年版，第7页。

度确保了广大劳动人民共同占有生产资料，避免了两极分化；人民代表大会制度、民族区域自治制度以及中国共产党领导下的多党合作和政治协商制度保证了国家一切权力属于人民。改革开放之后，我们对制度建设保证人民当家作主地位的认识越来越深入。1980年，邓小平指出，“领导制度、组织制度问题更带有根本性、全局性、稳定性和长期性”①。此后，我们党把制度建设摆到更加突出的位置，多次强调，要形成一整套更加成熟、更加定型的制度。

当前，坚持人民至上的价值理念必须依靠制度。习近平总书记在全国抗击新冠肺炎疫情表彰大会上的讲话中指出，“善于运用制度力量应对风险挑战冲击，我们就一定能够经受住一次次压力测试”②。例如，在完善党的领导制度体系方面，要建立不忘初心、牢记使命制度，确保全党恪守党的性质和宗旨，使党的一切工作体现人民愿望、得到人民拥护；要健全为人民执政、靠人民执政的各项制度，完善党员、干部联系群众制度，始终做到为了群众、相信群众、依靠群众、引领群众；还要健全联系广泛、服务群众的群团工作体系，把各自联系的群众紧紧团结在党的周围。例如，在完善人民当家作主制度体系方面，要坚持和完善人民代表大会制度，密切人大代表同人民群众的联

① 《邓小平文选》第二卷，人民出版社1994年版，第333页。
② 《习近平谈治国理政》第四卷，人民出版社2022年版，第102—103页。

系，健全代表联络机制，更好发挥人大代表作用；健全充满活力的基层群众自治制度，健全基层党组织领导的基层群众自治机制，健全以职工代表大会为基本形式的企事业单位民主管理制度，保障职工群众的知情权、参与权等合法权益。

坚持人民至上的价值信仰还要重视法治。法治是国家治理的一场深刻革命，必须发挥法治固根本、稳预期、利长远的作用。坚持人民至上，具体到法律上就是要用法治保障人民的各项权益。例如，在权力的监督上，人民可以运用民主监督、社会监督、舆论监督等方式对权力运行进行监督。这些监督是受到宪法这一根本大法保障的，中华人民共和国公民对于任何国家机关和国家工作人员的违法失职行为，有向有关国家机关提出申诉、控告或者检举的权利。例如，民生问题是老百姓最为关心的，关系老百姓最直接、最现实的利益，为此要用法治的刚性来推进民生问题的解决，党的二十大报告就强调，“加大关系群众切身利益的重点领域执法力度”“努力让人民群众在每一个司法案件中感受到公平正义”。

（四）从文明的角度看

作为马克思主义政党，中国共产党在谋划自己的理论方针政策时从来都是自觉地将其放到整个世界大局中去统筹考虑的。习近平总书记指出：“领导干部要胸怀两个大局，一个是中华民族伟大复兴的战略全局，一个是世界百年未有之大变局，这是我们谋划工作的基本出发点。”① 这里实际上就是要统筹国内国际两个大局。从文明的角度看，以人民至上为价值理念的中国式现代化道路，为人类实现现代化提供了新的选择，正在开创一种现代化文明新形态。

坚持人民至上要求我们必须坚持和平发展。在现代化的历史上，西方一些国家现代化的过程往往是通过战争、殖民、掠夺等方式实现的，西方国家建构的以霸权主义为特征的世界体系给许多发展中国家带来了极大伤害，中国式现代化道路则是一条非侵略、非霸权的和平发展道路。坚持人民至上要求我们必须坚持人与自然和谐共生。西方资本主义国家是现代化的发源地，但在现代化的过程中没有处理好人与自然的关系，造成了生态环境破坏等问题，最后不得不“先污染后治理”。其背后反映了一种人类中心主义思维模式，即把人作为万物的尺度，把自然当成满足人类需求的工具，随心所欲地控制、掠夺自然。中国式现代化道路则是坚持可持续发展，坚持节约、保护优先，像保护眼睛一样保护自然生态环境。坚持人民至上还要求我们必须坚持共同富裕。西方现代化道路是资本至上的模式，资本的逻辑占据着统治地位，从而导致在这些国家内部出现了一小

① 《习近平谈治国理政》第三卷，外文出版社 2020 年版，第 77 页。

部分人富裕，多数人贫困，两极分化严重的局面。中国式现代化道路是以人民为中心的现代化，以人民的全面发展、人民的共同富裕为目标。

坚持人民至上还要求我们与其他国家一起解决全人类面临的一些重大问题。党的十八大以来，我们就是如此走过来的。例如，在消除贫困上，习近平总书记就强调精准扶贫脱贫不仅要聚焦中国的贫困地区和贫困人口，而且要积极开展南南合作，支持和帮助广大发展中国家特别是最不发达国家消除贫困，并落实了建设“一带一路”、亚洲基础设施投资银行等具体措施。党的二十大报告指出：“中国共产党是为中国人民谋幸福、为中华民族谋复兴的党，也是为人类谋进步、为世界谋大同的党。”人类越来越成为你中有我、我中有你的命运共同体，在未来共同发展上，我们更应该将全人类的共同利益纳入考虑范围，高举和平、发展、合作、共赢的旗帜，倡导人类命运共同体为核心的全球治理观。只有全世界人民携起手来，共同努力、共同行动，才能开创人类更加美好的未来。

第二章

必须坚持自信自立

党的二十大报告折射着马克思主义的真理光辉，是中国人民自信自立、团结奋进精神状态和精神追求的概括和总结。通观报告全文，“自信”一词先后14次出现，“自信自立”则是首次出现。习近平总书记着重强调“必须坚持自信自立”，最基本的就是“中国的问题必须从中国基本国情出发，由中国人自己来解答”，这是我们开辟马克思主义中国化时代化新境界的志气、骨气和底气。坚持和加强党的全面领导、坚持中国特色社会主义道路、坚持以人民为中心的发展思想、坚持深化改革开放、坚持发扬斗争精神，是我们在全面建设社会主义现代化国家的道路上必须牢牢把握的五个重要原则。坚持中国特色社会主义道路的基点是“坚持独立自主、自力更生”，“坚持把国家和民族发展放在自己力量的基点上，坚持把中国发展进步的命运牢牢掌握在自己手中”①。归根结底，我们党一切理论进步与实践成就，既来源于坚持把民族解放的命运始终牢牢掌握在自己手中，又得益于坚持把民族自强的命运始终牢牢掌握在自己手中，更归因于坚持把中

① 习近平：《高举中国特色社会主义伟大旗帜 为全面建设社会主义现代化国家而团结奋斗——在中国共产党第二十次全国代表大会上的报告》，人民出版社2022年版，第27页。

国发展进步的命运始终牢牢掌握在自己手中。

一、坚持自信自立，把命运掌握在自己手中

自信是人们对自己的能力所怀有的昂扬向上、坚定执着的精神力量，自立是一种依靠自身力量奋发有为、干事创业的实践方式。从多种维度出发，将更加全面地理解自信自立与牢牢掌握自己国家命运的关系。

（一）坚持自信自立符合中华民族百年奋斗的历史逻辑

站在历史维度上，中华民族自鸦片战争以来历经百年屈辱，抗争、团结奋斗，有识之士在黑暗中摸索了数十年，开出了数张救世“药方”。

地主阶级保守派、顽固派、抵抗派抱持文化优越感，抵触资本主义物质文明和西方思想文化进入中国，同时极力打压地主阶级改革派和资产阶级改良派，更对一切反对自己专制统治的革命进行残酷镇压，江河日下，最终走向灭亡。

地主阶级改革派在巩固统治方面更具前瞻性，通过洋务运动开办新式工厂、兴办新式教育，一度刮起欣欣向荣的清新之风，但“师夷长技”的洋务运动没有实现富国强兵“以制夷”的目的，最终以北洋舰队的覆灭宣告彻底失败。

资产阶级改良派将目光投向同属长期处于封建社会但在近代通过明治维新成功走上资本主义道路的邻国日本，戊戌变法历经百日，因触及顽固派利益而横遭扼杀，维新救国之路胎死腹中。

资产阶级革命派成为推翻中国2000余年封建制度、建立资产阶级共和国的领导力量，在当时世界资本主义开始进入垄断阶段的历史条件下，资产阶级理应顺势而为，成为中国革命的领导阶级，中国共产党诞生之初也一度认同其革命领导地位，但由于中国民族资本主义在帝国主义和封建主义的夹缝中产生和发展，造成资产阶级先天发育不足，其革命性和领导力不强，最终没有完全承担起完成资产阶级革命、领导中国走向民族解放的任务。

农民阶级虽然与工人阶级同属于被压迫阶级，但由于其代表的落后农业生产方式，在革命精神、革命觉悟、革命方式、革命意志等方面的彻底性上，都不及代表最先进生产方式的无产阶级。他们所进行的革命仍然是旧式的反对地主阶级的农民起义，目的仍然在于推翻旧的封建王朝、建立新的封建统治，在滚滚向前的历史洪流中，注定会被湮没。最终，只有接受了马克思主义、运用了马克思主义、实现了马克思主义中国化的中国共产党，领导全体人民通过艰苦卓绝的奋斗开创了伟大复兴的光明前景。

成功道路是党领导人民独立自主探索开辟出来的，是同错误倾向和思潮论战中斗争得来的，是在不断自我革命过程中磨砺出来的。百年奋斗史充分证明，只有始终坚持独立自主、自信自立，才能把命运牢牢掌握在自己手中。

（二）坚持自信自立符合立足当前时代掌握自身命运的时代逻辑

一个时代有一个时代的主题，一个时代有一个时代的使命。对百年前的近代中国而言，时代主题是争取民族独立，无数志士仁人为此进行了艰辛探索、付出了巨大努力甚至鲜血与生命，最终是中国共产党人在中国化马克思主义的指引下带领人民实现了这一时代使命，中国人民历经百年屈辱迎来光辉胜利。

对 70 多年前的中国而言，时代主题是如何真正使人民民主专政的国家政权与社会主义制度相匹配，从而真正成为一个社会主义国家。中国共产党人在中国化马克思主义的指引下，带领人民实现了这一时代使命。

对 40 多年前的中国而言，时代主题是如何看待东欧剧变导致的国际共产主义运动遭受的重大挫折，如何选择自身作为社会主义国家应当继续走的路，如何在颜色革命的狂风骇浪中保持红旗不倒。中国共产党人在中国化马克思主义的指引下带领人民实现了这一时代使命，走出了一条中国特色社会主义道路。

对现时代的中国而言，摆在我们面前的是全新的时代格局：世界百年未有之大变局加速演进、新一轮科技革命和产业变革深入发展、国际力量对比深刻调整，这一全新的时代格局提出了新的时代之问，时代主题是如何高举中国特色社会主义伟大旗帜、如何全面建设社会主义现代化国家、如何最终实现中华民族伟大复兴，中国共产党人重任在肩，责无旁贷地必须作出新的时代之答，二十一世纪马克思主义作为有力理论武器，亦将指引中国共产党人带领人民沿着正确道路向着完成时代赋予的新的使命团结奋进。

无自信不足以自立，无自信不足以自强，我们必须以自信自立的姿态在新的时代问卷上写出中国答案。习近平总书记指出，世界正处于一个重大历史转折点，各国既需要面对前所未有的挑战，也应该抓住前所未有的机遇。[①] 人类文明发展正向下一段进程迈进，资本主义国家与社会主义国家的社会制度不同，并非必须通过殊死搏斗走向两败俱伤，而是应当在广阔的地球上各自发展、共同繁荣，中国共产党正团结带领中国人民通过自身努力以中国式现代化全面推进中华民族伟大复兴，并为推动构建人类命运共同体、创造人类文明新形态贡献中国智慧、中国力量。

（三）坚持自信自立符合实现马克思主义中国化时代化的理论逻辑

伟大时代需要伟大理论、催生理论进步、推进理论飞跃，伟

① 《习近平同美国总统拜登在巴厘岛举行会晤》，《人民日报》2022 年 11 月 15 日。

大理论萌生于伟大时代、诠释时代之问、代表时代精神的精华。

理论的进步、思想的飞跃并不是一个线性过程，马克思主义在中国的每一次理论飞跃，也都建立在曾经走过的弯路、曾经付出的代价基础之上。在毛泽东思想从萌芽到形成的过程中，我们党不断地在实践中探索，不断地与歪曲、误读马克思主义的错误倾向和路线作斗争，不断地在摒弃错误的过程中调整前进方向。

实践已经证明，教条主义不是真正的马克思主义，真正的马克思主义也绝不是僵化不变的，而是不断在扬弃中实现完善自我、提升自我的充满生机与活力的理论体系。实践已经证明，只有中国化时代化的马克思主义才是符合中国实际、能够指引中国革命和发展进步命运的真正的马克思主义。《中国共产党中央委员会关于建国以来党的若干历史问题的决议》明确指出，"文化大革命"之所以发生并持续十年之久的复杂的社会历史原因在于"把马克思、恩格斯、列宁、斯大林著作中的某些设想和论点加以误解或教条化"①。

实践同样证明，马克思主义中国化的伟大历史性飞跃，无不建立在共产党人和全体人民自信自立、自强自为的基础上，无不是马克思主义基本原理同不同历史时期中国具体实际相结合的产物，无不铭刻着 5000 多年中华优秀传统文化的智慧印

① 《三中全会以来重要文献选编》（下），中央文献出版社 2011 年版，第 149 页。

记。正如《中共中央关于党的百年奋斗重大成就和历史经验的决议》所指出的，“习近平新时代中国特色社会主义思想是当代中国马克思主义、二十一世纪马克思主义，是中华文化和中国精神的时代精华，实现了马克思主义中国化新的飞跃”[①]。

（四）坚持自信自立符合实现中华民族伟大复兴的实践逻辑

当今世界，要说哪个政党、哪个国家、哪个民族能够自信的话，那中国共产党、中华人民共和国、中华民族是最有理由自信的。实践的观点是马克思主义理论首要的和基本的观点，实践性是马克思主义理论区别于其他理论的显著特征，实践既是检验真理的唯一标准，也是通向全人类光明前途的终极途径。

站在实践维度上，马克思主义的创始人最初就是在欧洲工人运动的革命实践中总结经验、提炼规律并最终开创了这一科学理论体系，它的蓬勃生命力和旺盛创造力须臾不可离开实践。党的二十大报告首次系统阐明了习近平新时代中国特色社会主义思想的世界观和方法论，即“六个必须坚持”：必须坚持人民至上、必须坚持自信自立、必须坚持守正创新、必须坚持问题导向、必须坚持系统观念、必须坚持胸怀天下。作为习近平新

① 《中共中央关于党的百年奋斗重大成就和历史经验的决议》，人民出版社 2021 年版，第 26 页。

时代中国特色社会主义思想的精髓和灵魂，这“六个必须坚持”恰恰是在新时代伟大斗争实践中凝练形成的。坚持自信自立，就必须立足我们所处的历史阶段和文化传统，把马克思主义基本原理和科学社会主义的基本原则转化为具体的、生动的社会主义实践，坚定“四个自信”。

站在实践维度上，我们党之所以能够带领全国人民建立新中国，是因为走出了一条把马克思主义基本原理同中国具体实际相结合的自立之路；之所以能够在社会主义前途命运面临重大挑战时屹立不倒，高举社会主义旗帜，是因为走出了一条建设中国特色社会主义市场经济的自强之路；之所以能够在百年未有之大变局中不断取得令世界瞩目的光辉成就，是因为走向了一条实现中华民族伟大复兴中国梦的自信之路。自信、自立、自强的根基都在于实践，在于伟大政党领导下伟大人民的整体实践。马克思主义的中国篇章是中国共产党人依靠自身力量实践出来的，在社会主义中国，共产党人通过百年实践以无可辩驳的事实有力地证明了马克思主义蓬勃的真理力量。

站在新的历史方位上，我们应当有自信也必然有自信回应时代需求、把握历史发展大势，在实践基础上不断推进党的理论创新，不断开辟马克思主义中国化时代化新境界。与此同时，中华民族伟大复兴光明前景也必将依靠全体人民自身力量在实践中产生、在奋斗中实现。

二、坚持自信自立，不盲从迷信

迈上全面建设社会主义现代化国家新征程，摆在中国共产党人和中国人民面前的绝非坦途，但我们无所畏惧，而是充满自信，因为中国革命、建设和改革的历程，本身就是一段中国共产党带领全体人民书写的既不刻舟求剑、封闭僵化又不照抄照搬、食洋不化的自信自立的团结奋斗史。

（一）坚持自信自立，不迷信教条

作为一个开放包容、与时俱进、不断完善的科学理论体系，马克思主义从来不是刻板的教条，教条化的马克思主义也从来不是真正的科学理论。恩格斯曾经深刻指出，“马克思的整个世界观不是教义，而是方法。它提供的不是现成的教条，而是进一步研究的出发点和供这种研究使用的方法”[①]，对马克思理论中一般原理的实际运用“随时随地都要以当时的历史条件为转移”[②]。

幼年时期的中国共产党，在政治上、理论上、组织上都不够成熟，对于马克思主义的理解也不够全面深刻。中国共产党成立初期，受到共产国际对马克思主义教条式解读这一错误倾

① 《马克思恩格斯选集》第四卷，人民出版社 2012 年版，第 664 页。
② 《马克思恩格斯选集》第一卷，人民出版社 2012 年版，第 386 页。

向的影响，党的领导权被党内教条主义者攫取，中国革命因此遭受了重大挫折。血的代价让共产党人意识到，人云亦云不是真正的马克思主义，必须同教条主义进行坚决斗争，必须坚定地走自己的路，并进一步意识到中国革命必须坚持走自己的路，必须坚持把对马克思主义的理解放到中国革命的"语境"之中。由此，中国共产党开始独立地运用马克思主义解决中国革命的实际问题，果断地将革命的重心由城市转向农村，从第一块农村革命根据地建立开始，星星之火逐渐燎原，最终走向民族解放斗争的全面胜利。

28 年的革命斗争，一条极为重要的经验在于，中国化时代化的马克思主义是在同教条主义的不懈斗争中辨明方向的，是在同中国革命的实际不断结合中实现第一次理论飞跃并形成毛泽东思想的。

（二）坚持自信自立，不迷信经验

从辩证唯物主义认识论的观点出发，经验是以社会实践为方式、媒介、桥梁或手段，使人得以获得对客观事物及其规律性的理性认识，而经验一旦正式上升为理论，就对人的实践具有指导作用，"一切从实际出发，理论联系实际，实事求是，在实践中检验真理和发现真理"的认识路线是我们党领导革命和社会主义建设取得成功的重要经验。

从实践中来，就是从社会生活本身中来，从伟大的社会实践中来；到实践中去，就是将来源于实践的正确认识、有益经验甚至错误和教训，归纳、总结、升华成规律性、真理性的认识，用于指导新的实践并在实践中得到进一步检验。虽然人们对经验的信任和依赖也会因为对“度”的把握失衡而走向另一条道路即经验主义，但是共产党人也从未停止与经验主义的观点和做法作斗争。习近平总书记深刻指出：“要坚持发展地而不是静止地、全面地而不是片面地、系统地而不是零散地、普遍联系地而不是单一孤立地观察事物，妥善处理各种重大关系。任何主观主义、形式主义、机械主义、教条主义、经验主义的观点都是形而上学的思想方法，在实际工作中不可能有好的效果。”①

中华人民共和国成立时，人民民主的国家政权刚刚建立，社会主义制度还没有建立起来，中国缺乏社会主义建设的基本经验，最初只得学习，甚至照搬苏联的经验。当时，充分借鉴苏联的建设经验对我国这样一个全新的社会主义国家而言固然极为重要，对于我国顺利完成社会主义革命、建立社会主义制度具有重要意义，苏联专家对我国政治、经济、文化、教育等各方面工作作出了重要贡献，这是不可否认的。但苏联的经验同样具有历史性、局部性、地域性、特殊性，更由于两国截然不同的国情

① 习近平：《辩证唯物主义是中国共产党人的世界观和方法论》，《求是》2019 年第 1 期。

而使得苏联经验在诸多领域并不适用于我国实际。由于当时我国的国际地位、面临的国际和国内局势、独特的国情与苏联皆不相同，长期照搬照抄苏联经验就不利于找到适合自己的社会主义道路。毛泽东意识到，这样的做法“缺乏创造性，缺乏独立自主的能力”①。

社会主义是人类社会发展的必然前途，但通向社会主义的道路却可以千差万别。适合其他国家的社会主义道路未必适合中国，适合中国的社会主义道路在他国未必适用。各国应该按照自己的实际情况进行选择，迷信任何所谓现成经验的照搬照抄无异于削足适履，最后终将导致迷失原有的路、走上歧路。将苏联经验当作社会主义的一般准则进行生搬硬套，犯了典型的经验主义错误，后果可想而知，教训可谓深刻。

（三）坚持自信自立，不迷信西方

西方国家进入现代化比中国早了几十年甚至上百年，更在现代化的进程中积累了大量有益经验，是现代化的开创者、领跑者，这是一个确定的结论，但并不意味着现代化就等同于西方模式。

对世界各国而言，西方国家现代化的过程、成果及经验并不具有普遍适用性和绝对正确性，更不应当用西方现代化的标

① 《毛泽东文集》第八卷，人民出版社 1999 年版，第 305 页。

准框定一切国家的现代化，特别是不能以此判断中国式现代化进程中遇到的问题。诚如党的二十大报告所提出的，中国式现代化是“人口规模巨大的现代化”“全体人民共同富裕的现代化”“物质文明和精神文明相协调的现代化”“人与自然和谐共生的现代化”“走和平发展道路的现代化”①，为了更好、更快、更顺畅地走好全面建设社会主义现代化国家新征程，我们不可避免地需要借鉴西方经验。从本质来看，迷信西方、照搬西方做法同样属于经验主义和教条主义。

毫无疑问，学习借鉴绝不等同于迷信西方，不是“眉毛胡子一把抓”地全盘拿来，而是要肯定并借鉴西方国家成熟的现代化理论，重视学习先进技术和管理经验；同时，必须始终站稳社会主义立场、坚持社会主义原则，特别是必须牢牢守住意识形态阵地，建设具有强大凝聚力和引领力的社会主义意识形态。

邓小平在党的十二大开幕词中明确提出，“我们的现代化建设，必须从中国的实际出发”，并反复强调，“中国的对外政策是独立自主的”，“任何外国不要指望中国做他们的附庸”②。

① 习近平：《高举中国特色社会主义伟大旗帜 为全面建设社会主义现代化国家而团结奋斗——在中国共产党第二十次全国代表大会上的报告》，人民出版社 2022 年版，第 22—23 页。
② 《邓小平文选》第三卷，人民出版社 1993 年版，第 3 页。

三、坚持自信自立，不离经叛道

中国特色社会主义道路，来源于对科学社会主义原则的坚守，根植于对中华优秀传统文化的一脉传承，服务于“国之大者”发展全局。历史不能虚构、事实不容抹杀，在全面建设社会主义现代化国家的新征程上，只有正确、客观、科学地回望来时的路，时刻警惕并坚决反对历史虚无主义，才能真正找准方向，继续走好前行的路。

（一）坚持自信自立，必须坚持唯物史观

自从世界上第一个社会主义国家诞生以来，资本主义与社会主义在意识形态领域的斗争从未停止且愈演愈烈。苏联解体一个极为深刻的原因——同时也是教训，就在于意识形态领域斗争的全面失败。

自苏共二十大以后，歪曲、否定苏联历史和苏共历史、否定苏共领导人的历史虚无主义从暗流涌动逐渐演变成浊浪滔天。一旦在思想领域丧失了领导权，苏联共产党就从根本上失去了凝聚力，随之而来的是组织涣散、军队失控、政党解体、国家分崩离析。

国际共产主义运动所遭受到的这次史无前例的重大挫折，时刻提醒中国共产党人必须警惕历史虚无主义。历史虚无主义本质上是历史唯心主义，它否定历史唯物主义与历史决定论，

以个体性抹杀主体性、以或然性代替必然性、以偶发性虚化规律性，从根本上否定马克思主义指导地位和中国走向社会主义的历史必然性、否定中国共产党的领导。

马克思主义作为唯物主义历史观，同历史虚无主义根本对立，亦是战胜它的有力科学武器。我们必须拿起历史唯物主义思想武器，撕去历史虚无主义的学术伪装，粉碎其否定历史主体、歪曲历史事实的图谋。党史、新中国史、改革开放史、社会主义发展史、中华民族发展史既存在时间上的前后相继，也存在内涵上的相互包容，代表着我们党领导全体人民团结奋进的创业历程，这段历史的真实性、清晰性、完整性、可靠性容不得歪曲和否定，更容不得亵渎和诽谤。

（二）坚持自信自立，必须牢记“国之大者”

习近平总书记多次强调的“国之大者”，既具有丰富内涵，又具有历史深度。近代以来，真正实现国家独立和民族解放，是中国社会各阶级特别是无产阶级所追求的“国之大者”；中华人民共和国成立后，建立并发展社会主义制度、使全体人民逐步摆脱贫困走向共同富裕，成为共产党人心怀的“国之大者”；当前国家富强安定，全体人民不断在追求美好生活的过程中提升获得感、幸福感、安全感，中华民族伟大复兴迎来光明前景……这些关乎国家前途命运、关乎社会主义事业兴盛的重大问题，是“党和国家最重要的利益”和“最需要坚定维护的立场”[①]，也是中国共产党人始终牢记的“国之大者”。

牢记“国之大者”，必须坚持人民至上的价值取向。对共产党人而言，与人民相关的事情都是“国之大者”。《共产党宣言》旗帜鲜明地昭示：“共产党人不是同其他工人政党相对立的特殊政党。他们没有任何同整个无产阶级的利益不同的利益。”[②]我们党从诞生之日起就心中放着人民、一切为了人民、奋斗依靠人民，人民至上的价值观是共产党人所具备的天然属性。中国共产党团结带领人民用百年实践书写了一部为国家谋独立的革命史、一部为民族谋复兴的壮丽史诗、一部为人民谋福利的创业篇章，人民至上的价值取向始终是党一切工作的出发点、落脚点、着力点。人民满意不满意、高兴不高兴、答应不答应、赞成不赞成成为衡量党和国家一切工作的根本标准。

牢记“国之大者”，必须坚持系统思维。“国之大者”的“大”，既关乎中华民族伟大复兴战略全局，又关乎世界百年未有之大变局，因此要坚定不移推进中华民族伟大复兴历史进程。我国是世界上最大的社会主义国家，也是最大的发展中国家，中国正在进行的社会主义现代化建设，既是一项涉及政治、经济、科技、文化、

① 《习近平在陕西考察时强调 扎实做好“六稳”工作落实“六保”任务 奋力谱写陕西新时代追赶超越新篇章》，《光明日报》2020 年 4 月 24 日。
② 《马克思恩格斯文集》第二卷，人民出版社 2009 年版，第 44 页。

生态等诸多领域的复杂系统工程，又是世界现代化进程的重要组成部分，我们既要通观全局、全盘考虑，正确处理整体与部分、当前和长远、宏观和微观的关系，把自己的事情办好；又要审时度势、放眼寰球，把自己国家的发展纳入全人类共同发展之中，把中华民族伟大复兴纳入人类命运共同体之中，勇于承担国际责任，以负责任大国的形象最大限度赢得国际社会的广泛赞同与支持。

牢记“国之大者”，必须坚持知行合一。空谈误国，实干兴邦。坚持知行合一的实践观，既是从实践中得来、中国共产党人始终坚持的一条宝贵经验，也是前进道路上我们必须始终牢记的马克思主义实践观。在实现中华民族伟大复兴最紧要的关头，牢记“国之大者”，需要共产党人始终牢记初心使命，始终把握历史发展规律和时代大势、认清时代方位，以奋发有为的精神状态走好中国特色社会主义道路。

（三）坚持自信自立，必须传承中华优秀传统文化

我们要实现中华民族伟大复兴的中国梦，要坚持走中国特色社会主义建设的道路，既要传承中华优秀传统文化，又必须坚决反对历史虚无主义，二者是一致的。

传承中华优秀传统文化，必须辩证看待中华文化。新文化运动中，陈独秀态度鲜明地反对以封建礼教、三纲五常为代表的孔孟学说，但同时也态度鲜明地支持学问尊孔、汲取孔孟学

说中的有益观点，即辩证地看待儒家学说。毛泽东是辩证地对待中华传统文化的楷模，他既态度鲜明地批驳传统文化中应当丢弃的糟粕，又注重汲取中华传统文化中的智慧精华，更擅长将中国古代哲学思想与马克思主义相结合，即取其精华，去其糟粕。毛泽东思想中也存在诸多如“实事求是”“矛与盾”等闪烁着中华文明智慧之光的精辟论断。

传承中华优秀传统文化，要以海纳百川的宽广胸襟接纳其他文明优秀成果。中华文明绵延传承的5000多年历史进程中，以开阔胸襟包容、接纳、融合其他文明优秀成果的光辉典范比比皆是，来到中国土地上的文明被博大的中华文明吸引、影响并在其文化土壤中萌发出新的更具生命力的文明成果。在历史上，中国作为一个统一的多民族国家，各民族文化的融合伴随着数次民族融合进程不断向前推进。在这一过程中，不同文化精髓在沟通交流中融合共生，最终形成了璀璨的中华文明。在闭关锁国200余年后，近代以来的洋务运动、新文化运动、五四运动都是推动中国人睁开眼看世界的文化运动，也都在文明交流互鉴的历史上留下了浓墨重彩的一笔。面对经济全球化程度不断加深的现实，中华文明一如既往地敞开胸襟，拥抱一切有益的文明成果，也将5000多年中华文明中最为耀眼的智慧结晶贡献给世界。

传承中华优秀传统文化，必须坚定文化自信、旗帜鲜明反对历史虚无主义。中华文明绵延传承5000多年，是人类历史上唯一未中断过的古代文明，其鲜活历史是任何人基于任何图谋、通过任何方式、鼓吹任何论调都不可能淡化和抹杀的。在中华文明的累累硕果面前，一切历史虚无主义的辩白都站不住脚，一切历史虚无主义者都显得可笑。中华文明所蕴含的“天下为公、民为邦本、为政以德、革故鼎新、任人唯贤、天人合一、自强不息、厚德载物、讲信修睦、亲仁善邻等”[①]智慧结晶，已经内化于中华民族精神，融入社会主义核心价值观，成为中华民族屹立于世界民族之林的最大文化自信。在新时代，中华优秀传统文化得到创造性转化、创新性发展，全党全国各族人民文化自信明显增强、精神面貌更加奋发昂扬。

四、坚持自信自立，不故步自封

中国共产党人带领全体人民开创的不是封闭僵化的老路，而是中国特色社会主义道路，科学社会主义在21世纪的中国绽放新的真理光芒；也不是改旗易帜的邪路，而是一条有力驳斥世界发展单一模式论的道路，为世界贡献了中国模式、中国智慧。

① 习近平：《高举中国特色社会主义伟大旗帜 为全面建设社会主义现代化国家而团结奋斗——在中国共产党第二十次全国代表大会上的报告》，人民出版社2022年版，第18页。

（一）积极学习借鉴人类文明的一切有益成果

回顾马克思主义自诞生以来的170多年发展历程，我们能够看到，马克思主义从形成到成熟的过程就是一个兼收并蓄、学习借鉴人类文明优秀成果的过程。

以细胞学说、能量守恒和转化定律、达尔文进化论为代表的近代自然科学的最新成就，以德国古典哲学、英国古典政治经济学、欧洲空想社会主义学说为代表的西方古典哲学和社会科学的思想精髓，以1848年欧洲革命、巴黎公社等为代表的无产阶级革命实践成果，都成为马克思和恩格斯创立和完善科学社会主义的重要基础。

人类文明的有益成果既可以是古典的，也可以是现代的；既可以是西方的，也可以是东方的；既可以是政治文明和社会文明成果，也可以是物质文明和精神文明成果。如前所述，马克思主义传入中国以后与中国传统文化和中国革命实践相结合，特别是汲取了中国古代哲学智慧的精华，才凝聚而成毛泽东思想这一中国化马克思主义的理论结晶。在社会主义建设实践中，中国特色社会主义道路特别是市场经济体制的建立汲取了西方经济学理论的诸多成果和市场经济体系中大量有益经验，才在“摸着石头过河”的不断探索中凝聚形成了中国特色社会主义理论。

迈上全面建设社会主义现代化国家新征程，我们仍旧应当借鉴有益经验，本着兼容并蓄、博采众长的态度，将一切有益的人类文明成果都甄别出来、吸取进来，中国特色社会主义理论才能不断发展，我们才能走好自己的路。

（二）既要善于纳谏，亦要勇于自我革命

中国共产党人从不拒绝有益的建议，也从不惧怕善意的批评，但我们拒绝一切“祖师爷”般高高在上的说教，更拒绝一切别有用心的贬低。

70 多年前，中国共产党就建国伟业问计于各民主党派，从此肝胆相照。“窑洞对”，共产党人用“民主”这一答案指出新路方向，走出了一条跳出历史周期率的成功道路。

60 多年前，当中国的社会主义建设实践与苏联“教科书”相左时，我们毅然甩开僵化死板的社会主义“本本”，凭借真正的理论勇气和实践勇气踏上探索适合中国自己的社会主义建设道路。

40 多年前，我们解放思想、实事求是，丢掉了“姓资姓社”的思想包袱，大胆闯出一条中国特色社会主义道路……“经过不懈努力，党找到了自我革命这一跳出治乱兴衰历史周期率的第二个答案”[①]。

① 习近平：《高举中国特色社会主义伟大旗帜　为全面建设社会主义现代化国家而团结奋斗——在中国共产党第二十次全国代表大会上的报告》，人民出版社 2022 年版，第 14 页。

在新的赶考之路上，能否交出无愧于时代的优异答卷，中国共产党人是充满自信的，这种自信来自百年奋斗的历史经验，来自勇于自我革命、善于自我革命的精神境界。听取批评、接受批评、自我检讨、自我革命、修正错误、取得进步、赢得发展，这是一条符合唯物主义认识论的实践路径，也是马克思主义者理应具备的品质。虚怀若谷的态度、接受批评的襟怀、直面错误的智慧，让我们在自己的路上走得有底气、有勇气、有骨气。

（三）用发展着的马克思主义指导新的实践

中国共产党之所以能，中国特色社会主义之所以好，归根到底是因为马克思主义行。马克思主义之所以行，归根到底是由于其拥有的科学世界观和方法论，由于中国共产党人学会运用这些科学世界观与方法论正确分析和解决中国问题、指导中国实践。正如党的二十大报告再次强调的，实践没有止境，理论创新也没有止境。马克思主义是实践的哲学，实践性是其本质属性，也是它区别于其他理论体系的显著特征。自诞生之日起，马克思主义就不是僵化的理论体系，而是在实践中不断认识规律、揭示规律、发展真理。实践没有尽头，马克思主义在实践中的发展亦不会止息。坚持用发展着的马克思主义指导新的实践，中国特色社会主义道路才能行稳致远。

中国共产党已走过百年奋斗历程。党的百年奋斗史已经雄辩地证明，在共产党人手中，历史从未终结；站在新的历史方位上，下一个百年的凯歌正待我们亲手谱写。正所谓道路决定方向，道路决定命运，中国道路的成功开辟对于我们从站起来、富起来到强起来的伟大飞跃，具有关键性作用，这条中国道路就是中国特色社会主义道路。党的二十大提出，“从现在起，中国共产党的中心任务就是团结带领全国各族人民全面建成社会主义现代化强国、实现第二个百年奋斗目标，以中国式现代化全面推进中华民族伟大复兴”[①]。光明尚在前方，责任无比重大，使命无上光荣，伟大的中国人民将以无与伦比的坚定信心，在中国共产党的坚强领导下，高举中国特色社会主义伟大旗帜，继续沿着自己亲手开创的正确道路，向着中华民族伟大复兴的明天坚定前行。

① 习近平：《高举中国特色社会主义伟大旗帜　为全面建设社会主义现代化国家而团结奋斗——在中国共产党第二十次全国代表大会上的报告》，人民出版社 2022 年版，第 21 页。

第三章

必须坚持守正创新

习近平总书记在党的二十大报告中强调，我们从事的是前无古人的伟大事业，守正才能不迷失方向、不犯颠覆性错误，创新才能把握时代、引领时代。守正创新体现了鲜明的马克思主义立场观点方法，是共产党人实现理论发展和实践进步的重要法宝。坚持守正，牢牢守住根本原则不动摇，才能确保前进方向不偏航。坚持创新，善于顺势而变、随势而动，才能实现与时俱进和开拓创新。深刻领会守正创新的理论逻辑和实现路径，有利于准确把握守正创新的内涵和本质，有利于增强守正创新的行动自觉，有利于推动现实工作打开新局面、取得新成就。

一、马克思主义发展史就是守正创新史

习近平总书记在纪念马克思诞辰200周年大会上的讲话中指出：“一部马克思主义发展史就是马克思、恩格斯以及他们的后继者们不断根据时代、实践、认识发展而发展的历史，是不

断吸收人类历史上一切优秀思想文化成果丰富自己的历史。”[①]马克思主义发展史就是守正创新的历史，马克思主义理论体现出鲜明的守正创新特征。正是因为马克思主义理论具备这种独有的特征，才使得自身能够不断开放发展，始终保持强大生机活力和旺盛生命力。

（一）马克思、恩格斯在守正创新中实现哲学革命

马克思和恩格斯作为马克思主义理论的创始人，其思想观点有着直接的理论来源，即德国古典哲学、英国古典政治经济学和英法空想社会主义。马克思和恩格斯在批判中继承和发展了前人的思想理论，在守正创新中吸收了人类文明的有益成果，从而创立了具有真理力量的马克思主义理论。

马克思、恩格斯早年生活在德国，他们的哲学思想不可避免地受到德国古典哲学特别是黑格尔哲学的影响。马克思和恩格斯青年时期都参与了青年黑格尔派的活动，崇尚自我意识哲学。但很快他们便意识到了黑格尔哲学的问题与不足，从对黑格尔哲学的信仰开始转向对青年黑格尔派的批判。他们在《德意志意识形态》中说：“本书的目的就是要揭穿同现实的影子所作的哲学斗争，揭穿这种投合耽于幻想、精神委靡的德国民众

① 习近平：《在纪念马克思诞辰200周年大会上的讲话》，人民出版社2018年版，第9页。

口味的哲学斗争，使之信誉扫地。”[①] 他们通过对黑格尔哲学的批判，深刻意识到了长期以来西方哲学史上存在的二元对立传统的不足，深刻意识到了近代以来哲学界中的经验论和唯理论两大流派不过是在用不同的方式解释着世界，深刻意识到了黑格尔哲学的唯心主义性质和保守倾向。正是在这样的认识基础上，马克思深刻地指出：“从前的一切唯物主义（包括费尔巴哈的唯物主义）的主要缺点是：对对象、现实、感性，只是从客体的或者直观的形式去理解，而不是把它们当做感性的人的活动，当做实践去理解，不是从主体方面去理解。”[②] 因此，马克思基于实践基础，超越了西方哲学长期存在的二元对立传统，将实践视作从事实向价值飞跃的过程，真正建立了主体与客体、事实与价值、有限与无限、现实与理念之间的关系，解决了哲学史上长期想解决却没有解决的难题，实现了哲学史上的伟大革命。

马克思、恩格斯的哲学革命，吸收了黑格尔哲学中追求自由的价值理想，摒弃了黑格尔哲学的唯心主义倾向，重新高扬人的主体性，突出实践这一人的存在方式，明确了作为“自由人联合体”的共产主义价值理想，努力实现人的解放和自由全面发展。他们基于这一哲学革命，紧紧抓住人类解放这一价值主题，从辩证唯物主义立场出发，构建了唯物史观和剩余价值

---

① 《马克思恩格斯文集》第一卷，人民出版社 2009 年版，第 510 页。
② 《马克思恩格斯文集》第一卷，人民出版社 2009 年版，第 499 页。

学说两大理论基石，从而实现了社会主义从空想到科学的飞跃，创立了马克思主义。

（二）列宁在守正创新中发展了马克思主义

列宁作为俄国马克思主义的代表人物，在长期革命和工作中坚持守正创新，发展了马克思主义，创立了俄国的马克思主义——列宁主义。在列宁主义的指导下，俄国布尔什维克党取得了十月革命的胜利，建立了世界上第一个社会主义国家——苏联，有力地证明了马克思主义的科学性和真理性。

列宁生活和革命的环境与马克思、恩格斯生活和革命的环境具有很大的不同。马克思、恩格斯的理论主要以西方发达资本主义社会为研究对象，而列宁所在的沙皇俄国则是资本主义链条上最薄弱的一环，存在着大量的封建残余势力，资本主义发展很不充分。在这样的条件下，列宁坚持守正创新，发展了马克思主义，鲜明提出“一国首先胜利论”的观点，发动革命，在俄国率先建立社会主义国家政权。列宁还创立了科学的政党理论，回答了先锋队同人民群众的关系问题，丰富了马克思主义政党学说。列宁哲学也进一步拓展了马克思主义哲学，提出了哲学的党性原则，定义了唯物主义的物质概念；概括了辩证唯物主义认识论的三个结论，阐释真理的相对性和绝对性关系，强调实践在认识论中的重要地位；阐述辩证法和形而上学是两种发展观的对立，将对立统一规律作为辩证法的实质和核心；等等。这些都进一步丰富和发展了马克思主义。

列宁主义作为马克思主义的具体化成果，是俄国的马克思主义，有力指导了俄国的革命斗争和社会建设。列宁主义守住了马克思主义之正，守住了“人的解放”和“追求共产主义”的核心价值，确保了社会主义原则、方向、立场没有偏差。列宁主义也创出了马克思主义之新，在革命方式路径、哲学观点、政党学说等方面与时俱进，丰富和发展了马克思主义的相关内容。

（三）在守正创新中推进马克思主义中国化时代化

习近平总书记在党的二十大报告中强调：“实践告诉我们，中国共产党为什么能，中国特色社会主义为什么好，归根到底是马克思主义行，是中国化时代化的马克思主义行。”[①] 中国共产党成立 100 多年来，之所以能够取得举世瞩目的伟大成就，之所以能够书写气壮山河的人间奇迹，一个重要原因就是坚持守正创新，推进马克思主义中国化时代化，不断将马克思主义基本原理同中国具体实际相结合、同中华优秀传统文化相结合，

① 习近平：《高举中国特色社会主义伟大旗帜 为全面建设社会主义现代化国家而团结奋斗——在中国共产党第二十次全国代表大会上的报告》，人民出版社 2022 年版，第 16 页。

活学活用马克思主义的基本原理，回答中国之问、时代之问。

中国共产党成立后，以毛泽东同志为主要代表的中国共产党人，坚持守正创新，将马克思主义基本原理同中国新民主主义革命实际相结合，开辟了“农村包围城市、武装夺取政权”的中国式革命道路，创立了毛泽东思想，指引人民取得新民主主义革命胜利，建立了新中国，实现了中华民族站起来的伟大飞跃。

中华人民共和国成立以来，以毛泽东同志为主要代表的中国共产党人，坚持守正创新，将马克思主义基本原理同中国社会主义革命和建设实际相结合，推动了马克思主义中国化的历史性飞跃，实现了深刻的社会变革。

改革开放以来，以邓小平同志、江泽民同志、胡锦涛同志为主要代表的中国共产党人，坚持守正创新，将马克思主义基本原理同中国改革开放和社会主义现代化建设实际相结合，形成了包括邓小平理论、“三个代表”重要思想、科学发展观在内的中国特色社会主义理论体系，实现了马克思主义中国化新的飞跃。通过大力解放和发展生产力，有力推动了中国经济社会的腾飞和人民生活水平的显著提高，使中国大踏步赶上了时代，实现了中华民族从站起来到富起来的伟大飞跃。

党的十八大以来，以习近平同志为核心的党中央，坚持守正创新，将马克思主义基本原理同新时代中国具体实际相结合，同中华优秀传统文化相结合，创立了习近平新时代中国特色社会主义思想。习近平新时代中国特色社会主义思想是当代中国马克思主义、二十一世纪马克思主义，是中华文化和中国精神的时代精华，实现了马克思主义中国化新的飞跃。在习近平新时代中国特色社会主义思想的指引下，我们开辟中国式现代化道路，创造了人类文明新形态，推动中国特色社会主义进入了新时代；如期打赢脱贫攻坚战，胜利实现全面建成小康社会第一个百年奋斗目标，开启了全面建设社会主义现代化国家新征程，迎来了中华民族从富起来到强起来的伟大飞跃。

习近平总书记指出："科学社会主义基本原则不能丢，丢了就不是社会主义。同时，科学社会主义也绝不是一成不变的教条。我说过，当代中国的伟大社会变革，不是简单延续我国历史文化的母版，不是简单套用马克思主义经典作家设想的模板，不是其他国家社会主义实践的再版，也不是国外现代化发展的翻版。社会主义并没有定于一尊、一成不变的套路，只有把科学社会主义基本原则同本国具体实际、历史文化传统、时代要求紧密结合起来，在实践中不断探索总结，才能把蓝图变为美好现实。"[①] 当代中国发展所取得的一切成就，正是我们坚持守正创新的结果。我们从事的是前无古人的伟大事业，守正才能

① 《习近平谈治国理政》第三卷，外文出版社 2020 年版，第 76 页。

不迷失方向、不犯颠覆性错误，创新才能把握时代、引领时代。新征程上，我们也必须坚持守正创新，坚持马克思主义基本原理不动摇，坚持党的全面领导不动摇，坚持中国特色社会主义不动摇，紧跟时代步伐，顺应时代发展，不断用新理论指导新实践、书写新辉煌。

（四）开辟马克思主义中国化时代化新境界

习近平新时代中国特色社会主义思想，坚持一切从不断运动发展变化和普遍联系实际出发，牢牢把握我国发展的阶段性特征，根据社会主要矛盾的转化，站在新的历史方位，开辟了马克思主义的新境界。

习近平新时代中国特色社会主义思想是党和人民实践经验及集体智慧的结晶。作为马克思主义中国化的最新成果，习近平新时代中国特色社会主义思想根植于坚持和发展中国特色社会主义这一伟大实践，是在深入推进实践基础上的理论创新，继承和发展了马克思列宁主义、毛泽东思想、邓小平理论、“三个代表”重要思想、科学发展观，既是对我们党成立以来革命和建设成功经验的继承，又是对党的十八大以来的实践经验的总结。

习近平新时代中国特色社会主义思想内涵十分丰富，涵盖新时代坚持和发展中国特色社会主义的总目标、总任务、总体布局、战略布局和发展方向、发展方式、发展动力、战略步骤、外部条件、政治保证等基本问题，并根据新的实践对经济、政治、法治、科技、文化、教育、民生、民族、宗教、社会、生态文明、国家安全、国防和军队、“一国两制”和祖国统一、统一战线、外交、党的建设等各方面作出新的理论概括和战略指引。

习近平新时代中国特色社会主义思想的核心内容包括“十个明确”“十四个坚持”“十三个方面成就”。“十个明确”与“十四个坚持”分别回答了新时代我们要坚持和发展什么样的中国特色社会主义及怎样坚持和发展中国特色社会主义。“十个明确”与“十四个坚持”两者之间是相辅相成的关系，一个从理论层面回答“是什么”的问题，一个从实践层面回答“怎么办”的问题。“十个明确”与“十四个坚持”有机融合、有机统一，凝结着我们党坚持和发展中国特色社会主义的宝贵经验，反映了以习近平同志为核心的党中央对中国特色社会主义规律性认识的深化、拓展、升华，体现了理论与实际相结合、认识论和方法论相统一的鲜明特色。“十三个方面成就”全景展示了以习近平同志为核心的党中央治国理政理念、成就和经验，既是以习近平新时代中国特色社会主义思想为指导的结果，又是以一系列重要原创性成果丰富发展了这一重要思想。

习近平新时代中国特色社会主义思想坚持用马克思主义世界观和方法论来认识世界和改造世界。这一思想立足于中国特色社会主义这一改革开放以来党的全部理论和实践的主题，着眼于马克思主义在21世纪中国的新发展。习近平新时代中国特色社会主义思想扎根于中国特色社会主义的伟大实践，是把马克思主义基本原理同中国具体实际相结合的创新理论成果，既是一个科学系统的理论体系，又是一个具有现实指导意义的行动纲领。

科学判断我国发展的历史方位，深刻把握现阶段人民群众需求呈现多样化、多层次、多方面的特点，着眼于人的全面发展和社会全面进步，不断深化对共产党执政规律、社会主义建设规律、人类社会发展规律的认识，对我国社会主要矛盾变化作出新的概括，对我国发展所处历史方位作出新判断，坚持以人民为中心，不断坚持和完善中国特色社会主义。

构建人类命运共同体理念，就是以马克思世界历史思想为方法论基础，把世界历史的理论逻辑和人类社会发展的实践逻辑相结合，从观察时代、解读时代、引领时代的高度提出的应对当今时代全球性危机和现代性困境的一种新型全球文明观。

（五）深入学习理解党的二十大报告的理论创新

党的二十大明确宣示党在新征程上举什么旗、走什么路、以什么样的精神状态、朝着什么样的目标继续前进，在一些重大理论问题上坚持守正创新，提出一系列治国理政新理念新思想新战略，实现了马克思主义中国化时代化新的飞跃，对于坚持和发展马克思主义、坚持和发展中国特色社会主义具有十分重要的历史意义和政治意义。

在“坚持和发展马克思主义”的指导思想问题上，强调开辟马克思主义中国化时代化新境界。党的二十大报告明确提出中国共产党为什么能，中国特色社会主义为什么好，归根到底是马克思主义行，是中国化时代化的马克思主义行；深刻阐明只有把马克思主义基本原理同中国具体实际相结合、同中华优秀传统文化相结合，坚持运用辩证唯物主义和历史唯物主义，才能正确回答时代和实践提出的重大问题，才能始终保持马克思主义的蓬勃生机和旺盛活力；清醒认识实践没有止境，理论创新也没有止境，不断谱写马克思主义中国化时代化新篇章，是当代中国共产党人的庄严历史责任，继续推进实践基础上的理论创新，首先要把握好习近平新时代中国特色社会主义思想的世界观和方法论，坚持好、运用好贯穿其中的立场观点方法，鲜明提出做到“六个必须坚持”，即必须坚持人民至上、必须坚持自信自立、必须坚持守正创新、必须坚持问题导向、必须坚持系统观念、必须坚持胸怀天下。

在“举什么旗，走什么路”的根本问题上，宣示了我们党始终高举中国特色社会主义伟大旗帜，我们要坚定中国特色社会主义道路自信、理论自信、制度自信、文化自信，坚定不移推进中华民族伟大复兴历史进程；宣示了我们要全面贯彻习近平新时代中国特色社会主义思想，在全面建设社会主义现代化国家、向第二个百年奋斗目标进军的新征程上，我们一定要用习近平新时代中国特色社会主义思想指导我们整个事业和各项工作，不断提出真正解决问题的新理念新思路新办法，为前瞻性思考、全局性谋划、整体性推进党和国家各项事业提供科学思想方法；强调了在新时代的前进道路上，必须牢牢把握“五项重大原则”：坚持和加强党的全面领导，坚持中国特色社会主义道路，坚持以人民为中心的发展思想，坚持深化改革开放，坚持发扬斗争精神。

在“以什么样的精神状态”砥砺前行的问题上，强调我们必须增强忧患意识，坚持底线思维，做到居安思危、未雨绸缪，准备经受风高浪急甚至惊涛骇浪的重大考验；强调做到“三个务必”：务必不忘初心、牢记使命，务必谦虚谨慎、艰苦奋斗，务必敢于斗争、善于斗争。要增强全党全国各族人民的志气、骨气、底气，不信邪、不怕鬼、不怕压，知难而进、迎难而上，统筹发展和安全，全力战胜前进道路上各种困难和挑战，依靠顽强斗争打开事业发展新天地。肩负全面建设社会主义现代化国家、全面推进中华民族伟大复兴的历史使命，我们必须时刻保持解决大党独有难题的清醒和坚定。全党必须牢记，全面从严治党永远在路上，党的自我革命永远在路上，决不能有松劲歇脚、疲劳厌战的情绪，必须持之以恒推进全面从严治党，深入推进新时代党的建设新的伟大工程，以党的自我革命引领社会革命。

在“朝着什么样的目标”继续前进的问题上，鲜明提出新时代新征程中国共产党的中心任务就是团结带领全国各族人民全面建成社会主义现代化强国、实现第二个百年奋斗目标，以中国式现代化全面推进中华民族伟大复兴。党的二十大报告系统回答了中国式现代化的相关问题，对中国式现代化作出了重大判断、重大部署、重大决策，指明了中国式现代化的鲜明特色和本质要求，指明了建设中国式现代化的重大原则。党的二十大报告深刻指出全党必须牢记“五个必由之路”：坚持党的全面领导是坚持和发展中国特色社会主义的必由之路，中国特色社会主义是实现中华民族伟大复兴的必由之路，团结奋斗是中国人民创造历史伟业的必由之路，贯彻新发展理念是新时代我国发展壮大的必由之路，全面从严治党是党永葆生机活力、走好新的赶考之路的必由之路，为实现中国式现代化明确了发展路径。

学习贯彻党的创新理论，要理解把握其世界观和方法论，坚持好、运用好贯穿其中的立场观点方法，深入领会党的创新理论的道理、学理、哲理，做到知其言更知其义、知其然更知其所以然，切实把党的创新理论贯彻落实到党和国家工作各方面全过程，始终把国家和民族发展放在自己力量的基点上，把中国发展进步的命运牢牢掌握在自己手中，坚定信心、守正创新，奋力谱写全面建设社会主义现代化国家新篇章。

二、守正创新是马克思主义的理论品格

习近平总书记强调："一百年来，我们党坚持解放思想和实事求是相统一、培元固本和守正创新相统一，不断开辟马克思主义新境界。"[①] 守正创新是马克思主义世界观和方法论的鲜明体现，贯穿了马克思主义的立场观点方法。守正创新是实践观点的内在要求，是唯物辩证法的革命逻辑，是唯物史观的必然规律。

（一）守正创新是实践观点的内在要求

马克思指出："哲学家们只是用不同的方式解释世界，而问题在于改变世界。"[②] 实践的观点是马克思主义首要的、基本的观点，实践性是马克思主义的鲜明理论特征。守正创新鲜明体现了马克思主义理论的实践观点，守正创新也只有在实践基础上才能实现。

---

① 习近平：《在党史学习教育动员大会上的讲话》，人民出版社 2021 年版。第 12 页。
② 《马克思恩格斯文集》第一卷，人民出版社 2009 年版，第 506 页。

实践是作为过程存在的，实践是从事实向价值飞跃的过程。人类把握世界主要有两种方式：一种是事实判断，属于实然的维度，回答过去和现在已经存在和发生过的事情是什么的问题；另一种是价值判断，价值判断属于应然的维度，回答未来应该怎么样的问题。价值世界的意义只有在现实的存在中才具有现实性。人们正是借助实践活动，沟通了有限的事实和无限的价值，不断追求和呈现价值意义。人类社会历史发展的实质，就是不断从实然的事实世界向应然的价值世界飞跃的过程。

实践是检验真理和呈现真理的方式。真理从来都不是僵死的教条，而是一个过程。真理是鲜活的、具体的，因而都是相对的和有条件的，离开了具体的条件，真理就有可能转化为谬误。实践作为感性的人的活动，不仅是检验真理的标准，而且本身就是真理开显的路径。守正创新之“正”，不是具体的结论，而是已有经验和结论中蕴含的真理。“正”之所以为“正”，就是相关内容经受住了实践的检验，是实践呈现出的真理。对待真理我们就要用守正的态度，坚持真理才能取得成功。

超越性和创造性是实践活动的鲜明特征。人与动物的根本区别，就在于作为主体性的人具有自我意识，而作为本能存在的动物没有自我意识。主体性就决定了人必须以实践的方式而存在，并借助实践将自我意识对象化而呈现。正因为动物是本能的存在，外在世界对动物来说只能是限制和禁锢；人因为是有自我意识的实践性的存在，因而就具有了超越性和创造性，而不是被动地适应环境。正如列宁所说："世界不会满足人，人决心以自己的行动来改变世界。"[①] 因此，在实践活动特别是创新实践中，人为了满足自身需要而不断超越旧的现存，并创造出新的世界。守正创新之"新"，就是实践超越性和创造性活动的结果，这个"新"相对于过往的"旧"而呈现为一种新，这个"新"是对"旧"的超越、完善和改造。

实践作为人的存在方式，人要想实现发展和进步，就必然要在创新实践过程之中推陈出新。因此，必须有创新的态度和创新的精神，以满足自身发展需要，实现人的解放和自由全面发展。

（二）守正创新是唯物辩证法的革命逻辑

唯物辩证法是马克思主义的基本逻辑方法。马克思指出："辩证法在对现存事物的肯定的理解中同时包含对现存事物的否定的理解，即对现存事物的必然灭亡的理解；辩证法对每一种既成的形式都是从不断的运动中，因而也是从它的暂时性方面去理解；辩证法不崇拜任何东西，按其本质来说，它是批判的和革命的。"[②] 马克思主义唯物辩证法揭示出的一个最深刻的

① 《列宁全集》第五十五卷，人民出版社 2017 年版，第 183 页。
② 《马克思恩格斯文集》第五卷，人民出版社 2009 年版，第 22 页。

道理，就是任何现存的事物都是要灭亡的，现实世界不存在永恒不变的事物，万事万物都处在生生灭灭的过程之中。唯物辩证法是关于事物存在条件的学说。唯物辩证法认为，当条件具备时，事物就有了存在和发展的可能性；当条件失去时，事物就会走向衰落和灭亡。在马克思主义唯物辩证法看来，发展的实质是新事物的产生和旧事物的灭亡。新事物之所以是新事物，就是因为新事物代表了发展的趋势，是对既有旧事物的超越，这是新事物肯定性的一面。但是，事物合理性展开的过程同时也是事物不合理性不断生成的过程。随着时间的推移和条件的变化，事物的现实性渐渐丧失，从而因为失去合理性最终必然走向自己的终点，会被更新的事物取代，这是事物否定性的一面的必然结果。

唯物论的实质要求我们按照客观事物本来的面目认识和把握事物，辩证法又揭示出万事万物都是处在不断运动、发展、变化过程之中的。因此，坚持马克思主义世界观和方法论，运用唯物辩证法分析把握事物，就是要在过程之中把握事物，既看到事物肯定性的一面，看到事物发生发展的条件和基础，看到事物发展的趋势和方向；又能看到事物否定性的一面，看到事物存在的不足和缺陷，做好迎接事物衰亡而产生的风险挑战的准备。但是，旧事物一旦成为发展的禁锢和阻碍，往往不会自行退出历史舞台，这就需要进行革命，打破一个旧世界，建设一个新世界。因此，唯物辩证法体现出鲜明的批判性与革命性本质特征，强调开展革命性的范式转换，将现存世界革命化，不断地批判并改变现存的事物。

守正创新坚持的正是马克思主义唯物辩证法的革命性逻辑。一方面，革命不是乱革一切、乱改一切，不是使一切事物和一切秩序变乱。开展革命始终要坚持一个价值内核，从这个价值出发决定什么应该革、什么不能革。这个价值内核是辩证法检验下的仍具备肯定性的内容，是必须保存的内容。这个价值内核也就是“守正创新”之“正”，是我们依据辩证法的基本逻辑开展革命时必须坚守不变的内容。守住了这个“正”，才能确保我们一切革命和改革活动不跑偏、不走样。另一方面，唯物辩证法揭示出新事物总是层出不穷的，对待新事物、新情况、新问题必须用创新的态度和方式方法。如果我们不能及时创新创造，就不能跟上新事物的发展速度，就会落后于时代的发展要求，那么自身早晚就会被辩证法抛弃和消灭。只有坚持守正创新，及时发现新情况，研究新问题，推出新成果，才能实现新发展，满足新需求。

（三）守正创新是唯物史观的必然规律

唯物史观是马克思主义的理论创造，是关于人类社会历史发展规律的科学总结与概括。在马克思主义唯物史观看来，历史是以过程而存在的，在历史进程中前人活动的结果是后人活动的前提。马克思、恩格斯指出："历史不外是各个世代的依次交替。每一代都利用以前各代遗留下来的材料、资金和生产力；由于这个缘故，每一代一方面在完全改变了的环境下继续从事所继承的活动，另一方面又通过完全改变了的活动来变更旧的环境。"① 正因为历史是一个发展前进的过程，因而在时间上和性质上存在新旧之别。守正创新正是一种历史性的活动，守正创新是一个过程，有过程才会有新旧，有过程才会有历史。因此，守正创新必然遵循唯物史观所揭示的历史规律。

历史维度的守正创新，必须守正，始终遵循历史规律。唯物史观认为，理解人类社会历史趋势的"钥匙"在物质生产领域，社会基本矛盾运动是推动社会历史进步的根本动力，生产力与生产关系的矛盾、经济基础与上层建筑的矛盾就是社会基本矛盾的表现内容。马克思指出："社会的物质生产力发展到一定阶段，便同它们一直在其中运动的现存生产关系或财产关系（这只是生产关系的法律用语）发生矛盾。于是这些关系便由生产力的发展形式变成生产力的桎梏。那时社会革命的时代就到来了。"② 历史已经证明，符合历史规律才能具有历史合理性和历史进步性，违背历史规律就必然被历史抛弃。坚持守正创新，

---

① 《马克思恩格斯文集》第一卷，人民出版社 2009 年版，第 540 页。
② 《马克思恩格斯文集》第二卷，人民出版社 2009 年版，第 591—592 页。

必须符合社会基本矛盾运动的基本规律，牢牢把握人类社会最终走向共产主义的必然趋势，绝不开历史的倒车，绝不逆历史趋势而行。

历史维度的守正创新，必须创新，增强历史自觉和把握历史主动。社会基本矛盾的根本性质是不变的，具体表现则是变化的。这使得我们一方面把握了历史规律就可以掌握历史主动，对未来发展做出战略性、前瞻性的谋划；另一方面也使得我们要依据社会主要矛盾的变化不断调整自身战略策略，顺应历史趋势而为，不断使生产关系满足生产力的要求、使上层建筑满足经济基础的要求。只有坚持创新，充分发扬历史主动精神，才能符合历史发展趋势，紧跟和引领历史潮流，不断开创新的局面和新的境界。

三、守正创新丰富和发展了党的思想路线

中国共产党的思想路线是一切从实际出发，理论联系实际，实事求是，在实践中检验真理和发展真理。我们党的思想路线集中反映了我们党的工作方法和领导方法。事实早已证明，我们什么时候把党的思想路线坚持得好，党和国家事业就有前途和希望；什么时候违背了党的思想路线，就会误党误国。守正创新鲜明体现了党的思想路线真理和价值的统一、继承和超越

的统一、认识和实践的统一，丰富了党的思想路线的内涵。

（一）守正创新体现了党的思想路线真理和价值的统一

真理是客观的，而价值是主观的。世界上不存在绝对主观或绝对客观的事物，任何一种现存的事物对人来说既有主观的一面，又有客观的一面，实质上是主客观的统一。要想准确把握这种主客观的统一，必须坚持实事求是的思想路线。

真理作为对客观事物及其规律的正确反映，其内容不以人的意志为转移，因而具有客观性。真理同时是一个过程，总是在实践运动中逐步生成和展开。如果我们只限于对真理进行寻章摘句式的理解，那么真理就会陷入形而上学的困境，就会变为一成不变的教条。坚持和发展真理，必须坚持守正创新，坚持实事求是，在实践中做到“穷则变，变则通，通则久”。

价值是属人的，是人的意识的内容，具有鲜明的主观性。价值不一定完全符合真理，脱离实际的价值就一定违背真理。只有坚持实事求是，通过实践活动发现真理和运用真理，用真理来规范价值，使主观性的价值逐渐符合客观性的真理，才能实现真理与价值的统一。

（二）守正创新体现了党的思想路线继承和超越的统一

党的思想路线既蕴含了继承的要求，也蕴含了超越的要求。

所谓继承，就是坚守马克思主义一脉相承的“脉”，即贯穿其中的马克思主义世界观和方法论。所谓超越，就是不局限于已有的结论和固定的做法，敢于开拓创新。这就是“老祖宗不能丢，又要讲新话”。只有充分地掌握实际、了解实际，才能知道我们过去和现在有什么，这样就为继承创造了前提。我们如何超越，就是要遵循规律。只有探索出事物存在和发展的规律，掌握事物运动的趋势，才能明确超越的目标和方向。从实际出发要坚持实事求是，探索规律也要坚持实事求是，只有在实事求是基础上，才能实现继承和超越的统一。

人类社会发展正是一个继承和超越统一的过程。人类的一切进步发展都要建立在一定基础条件之上，任何发展成果都不会凭空而来。而人类在发展过程中，也会形成一系列相对稳定的传统，通过继承这些传统，才不会迷失方向。但是人类又不能完全停留在既有的基础之上静止不动，必须不断超越旧的局限和创造新的成果。正是在实事求是的基础上，一切从实际出发，在破中立、在立中破，从而在继承和超越的过程中，不断发现真理、检验真理、实现真理。

（三）守正创新体现了党的思想路线认识和实践的统一

习近平总书记指出：“学习掌握认识和实践辩证关系的原理，

坚持实践第一的观点，不断推进实践基础上的理论创新。”[1]认识和实践是马克思主义哲学中一对基本的概念和范畴。马克思主义哲学认为，实践决定认识，认识来源于实践，认识是对实践的反映，没有脱离实践的认识。党的思想路线回答的是中国共产党人要如何认识世界的问题，属于认识论的范畴。实现守正创新，同样是一个认识论问题。坚持党的思想路线推动守正创新，就是坚持认识与实践的辩证统一。

根据马克思主义认识论，认识是“从实践到认识，从认识到实践，再从实践到认识”不断反复的辩证过程，经过实践检验和反复认识，认识一次比一次深刻、一次比一次丰富。经过实践检验和反复认识产生的正确认识，在一定意义上就蕴含着规律性的和方法论意义上的真理性。对于这样的认识成果，我们一方面要守正，避免相对主义的不可知论；另一方面也不能迷信，避免封闭僵化的教条主义。我们只有做到一切从实际出发，坚持实事求是，才能在实践中得出正确认识，进而用正确的认识指导实践进步。

实践是个过程，认识结果不可能一蹴而就。客观实际总是处在不断运动变化发展过程之中的，我们只有不断在实践中依据客观事物的变化而调整自身的认识，才能得出符合客观实际

① 习近平：《辩证唯物主义是中国共产党人的世界观和方法论》，《求是》2019 年第 1 期。

的主观认识。客观实际变了，认识也必然发生变化，随着客观实际变化而在实践中得出新认识。只有坚持实事求是的思想路线，不断在实践运动过程之中把握新趋势、探索新规律，才能得出新认识、解决新问题。

四、在坚持知行合一中做到守正创新

党的二十大报告指出："中国共产党人深刻认识到，只有把马克思主义基本原理同中国具体实际相结合、同中华优秀传统文化相结合，坚持运用辩证唯物主义和历史唯物主义，才能正确回答时代和实践提出的重大问题，才能始终保持马克思主义的蓬勃生机和旺盛活力。"[①] 知行合一是马克思主义世界观和方法论的鲜明体现，是习近平新时代中国特色社会主义思想世界观和方法论的鲜明特征，也是实现守正创新的重要路径。我们必须坚持在知行合一中做到守正创新，推动理论联系实际，着眼于时代任务、时代要求，积极取长补短、互学互鉴，不断开辟各项工作新成就、新境界。

① 习近平：《高举中国特色社会主义伟大旗帜　为全面建设社会主义现代化国家而团结奋斗——在中国共产党第二十次全国代表大会上的报告》，人民出版社 2022 年版，第 17 页。

（一）守正创新要始终坚守马克思主义一脉相承之“脉”

习近平总书记在党的二十大报告中强调，推进实践基础上的理论创新，必须坚持守正创新。我们党作为马克思主义政党，坚持马克思主义科学理论的指导是我们党取得百年奋斗辉煌成就的重要原因。马克思主义是被实践证明了的关于人类社会发展规律的真理性学说，马克思主义以其鲜明的科学性、人民性、实践性和开放性，不断在变革现实的实践运动中创造着人们美好的未来。我们要做到守正创新，就是坚持马克思主义，深入理解马克思主义世界观和方法论，不断推动马克思主义中国化时代化进程，提高运用马克思主义立场观点方法解决实践之问、时代之问的具体能力。

守正创新必须牢牢坚守马克思主义一脉相承的“脉”，其中十分重要的方面就是坚持人民至上的价值立场。习近平总书记指出：“马克思主义是人民的理论，第一次创立了人民实现自身解放的思想体系。马克思主义博大精深，归根到底就是一句话，为人类求解放。”[①]任何一种理论，能够被继承和发展，都是变与不变的辩证统一。变的是理论的具体内容，随时代和实践的变化而创新；不变的是理论的价值内核，价值内核变了，就

① 习近平：《在纪念马克思诞辰 200 周年大会上的讲话》，人民出版社 2018 年版，第 8 页。

会失去内在规定性，从而背离了自身。人民至上的价值追求正是马克思主义理论的价值内核，一代又一代共产党人都是在坚守这一价值内核的原则上推动理论创新，才使得马克思主义不变质、不变色、不走样。坚持马克思主义实现守正创新，就要坚持人民至上的价值追求不动摇。

守正创新还要坚定马克思主义理想信念。马克思主义作为科学的理论，通过揭示人类社会发展规律，指明了人类从必然王国向自由王国飞跃、最终实现共产主义的发展趋势。马克思主义建立在科学社会主义原则基础上所指明的共产主义，既是人类有史以来最完美的价值理想，同时又是最现实的实践运动。共产党人之所以叫共产党人，就是因为我们牢固树立了共产主义的理想信念，共产主义是中国共产党人的最高理想和最终目标。坚持马克思主义实现守正创新，就要牢固树立马克思主义信仰、共产主义远大理想和中国特色社会主义共同理想。

（二）守正创新必须牢牢立足中华优秀传统文化之“根”

坚持和发展马克思主义，推进马克思主义中国化，一个重点要求就是推动马克思主义基本原理同中华优秀传统文化相结合，我们要实现守正创新，也要牢牢立足中华优秀传统文化。中华优秀传统文化是 5000 多年中华文明传承和弘扬的文化精华，集中反映了中华民族的哲学观、政治观、人生观、天下观等内容，是中华民族安身立命之本。中华民族千百年来既在实践中创造了中华优秀传统文化，中华优秀传统文化同时又在实践中塑造着中华民族，二者相辅相成。

文化是人的存在方式，不同民族的人生活在不同的文化环境中，这使得不同民族的人具有鲜明民族特色。人们总是遵循特定的文化传统生活，这是对自身的价值规范。如果背离了自身特定的文化传统，就意味着离经叛道，就会失去存在的精神支柱，就会表现得格格不入。文化的传承具有相对稳定性，有些文化内容会“刻入”人的基因、“流入”人的血液，作为一种价值规范理念，世代流传不绝，不会轻易改变。优秀传统文化是历经时间检验、能够流传下来并且符合当代物质需求与精神需求的文化内容，具有旺盛的生机与活力。

习近平总书记指出，“正本清源、守正创新，一个国家、一个民族不能没有灵魂”[①]。中华优秀传统文化正是中华民族赖以生存和发展的根和魂，实现守正创新离不开传承和弘扬中华优秀传统文化。要在不忘本来中开辟未来，守正创新不能坚守中华优秀传统文化，中华民族就失去了“本”，没有了“本”就必然没有未来，因此要善于在继承中实现创新。创新必须做到推陈出新，革除旧的、不合时宜的内容，继承有价值的内容，实

① 《习近平谈治国理政》第三卷，外文出版社 2020 年版，第 322 页。

现旧基础上的新创造，推动中华优秀传统文化创造性转化和创新性发展，使其更加适应时代要求。

（三）守正创新必须时刻着眼回答当今实践的时代之“问”

一个时代有一个时代的处境，一代人有一代人的使命。历史车轮滚滚向前，实践总是要发展进步的。人们在一定时代实践所能达到的能力和水平，决定了人们在这一时代所具有的机遇和面临的挑战。实践是运动发展的，时代也是前进变化的，我们要想发展进步，就必须随着实践和时代的变化而创新，墨守成规一定会被时代抛弃。我们实现守正创新，必须牢牢立足实践，着眼时代之问，不断回应新关切、解答新问题、提出新方法、创造新成果。

着眼时代之问守正创新，必须牢牢树立实践第一的观点。马克思深刻指出：“全部社会生活在本质上是实践的。凡是把理论引向神秘主义的神秘东西，都能在人的实践中以及对这种实践的理解中得到合理的解决。”①守正创新的结果能否符合时代要求、解决时代之问，评判标准正是实践。我们只有坚持实践第一的观点，到实践中去认识时代、了解时代、分析时代，才能

① 《马克思恩格斯文集》第一卷，人民出版社 2009 年版，第 501 页。

找到解决时代之问的“金钥匙”。任何脱离实践而形成的答案，都是不切实际和没有效用的。必须坚决反对一切形形色色的主观主义和教条主义，防止脱离实际，防止本本主义，真正扎根实践、扎根实际。

着眼时代之问守正创新，既不能好高骛远，也不能封闭僵化。任何一种理论都有其特定的历史局限性，有些理论放在将来可能正确，但放在现在就不适用；有些理论放在过去是真理，但放在现在就是无效的。着眼时代之问实现守正创新，目的就在于解决这一问题，真正在实践中创造出适合当前的科学理论。着眼时代之问推动守正创新，就不会在条件还不成熟时做超出时代阶段的事，就不会好高骛远和不切实际。着眼时代之问推动守正创新，也不会在条件已经成熟时还无动于衷，就不会逆历史潮流而动，不会导致故步自封与封闭僵化。

（四）守正创新必须兼容并蓄人类文明优秀成果之“鉴”

习近平总书记指出：“交流互鉴是文明发展的本质要求。只有同其他文明交流互鉴、取长补短，才能保持旺盛生命活力。”[①]人类文明延续至今，每一种文明都有其历史合理性，都有其时代进步性，都有着独特的优势。然而，每一种文明发展终有其

① 《习近平谈治国理政》第三卷，外文出版社2020年版，第469页。

局限，只有做到兼容并蓄，开放学习借鉴其他文明的有益成果，才能更好实现自身的发展。我们要实现守正创新，必须积极借鉴人类文明的优秀成果，做到以我为主、为我所用。

兼容并蓄人类文明优秀成果的守正创新，必须坚持以我为主的原则。习近平总书记指出："中华民族拥有在5000多年历史演进中形成的灿烂文明，中国共产党拥有百年奋斗实践和70多年执政兴国经验，我们积极学习借鉴人类文明的一切有益成果，欢迎一切有益的建议和善意的批评，但我们绝不接受'教师爷'般颐指气使的说教！"[①] 吸收人类文明的其他成果，不能是完全的"拿来主义"，不顾一切、不顾需要地引进和使用，必须进行批判、整理、加工。如果单纯地采取"拿来主义"，势必造成外来文明的"水土不服"，结果只会适得其反；还会造成外来文明对本土文明的吞噬，造成自身历史的虚无。

习近平总书记强调："我们要准确把握时代大势，勇于站在人类发展前沿，聆听人民心声，回应现实需要，坚持解放思想、实事求是、守正创新，更好把坚持马克思主义和发展马克思主义统一起来，坚持用马克思主义之'矢'去射新时代中国之'的'，继续推进马克思主义基本原理同中国具体实际相结合、同中华优秀传统文化相结合，使马克思主义呈现出更多中国特色、中

① 习近平：《在庆祝中国共产党成立100周年大会上的讲话》，人民出版社2021年版，第14—15页。

国风格、中国气派，续写马克思主义中国化时代化新篇章。”[①]守正创新只有进行时没有完成时，我们要准确把握守正创新的理论逻辑和实践要求，不断推进实践基础上的理论创新，不断回答实践之问、时代之问，以永不停滞、永不僵化、永葆创新的精神姿态，自信自强、踔厉奋发，继续书写新的辉煌篇章！

① 习近平：《更好把握和运用党的百年奋斗历史经验》，《求是》2022 年第 13 期。

第四章

必须坚持问题导向

党的二十大报告指出："必须坚持问题导向。问题是时代的声音，回答并指导解决问题是理论的根本任务。今天我们所面临问题的复杂程度、解决问题的艰巨程度明显加大，给理论创新提出了全新要求。我们要增强问题意识，聚焦实践遇到的新问题、改革发展稳定存在的深层次问题、人民群众急难愁盼问题、国际变局中的重大问题、党的建设面临的突出问题，不断提出真正解决问题的新理念新思路新办法。"[①] 任何一种有价值的思想理论，都要能够有力回答时代问题，经得住时代的考验。理论必须扎根于实际，理论一旦脱离实际，就会变得空洞，不能解决现实问题，也就必然会失去生命力。习近平总书记在哲学社会科学工作座谈会上的讲话中指出："坚持问题导向是马克思主义的鲜明特点。问题是创新的起点，也是创新的动力源。只有聆听时代的声音，回应时代的呼唤，认真研究解决重大而紧迫的问题，才能真正把握住历史脉络、找到发展规律，推动理

---

① 习近平：《高举中国特色社会主义伟大旗帜　为全面建设社会主义现代化国家而团结奋斗——在中国共产党第二十次全国代表大会上的报告》，人民出版社 2022 年版，第 20 页。

论创新。坚持以马克思主义为指导，必须落到研究我国发展和我们党执政面临的重大理论和实践问题上来，落到提出解决问题的正确思路和有效办法上来。”[①] 坚持问题导向和增强问题意识，体现了马克思主义鲜明的理论品格和实践要求，是我们党攻坚克难、持续创造辉煌的传家宝，对于不断开辟马克思主义中国化时代化新篇章、深入推进全面深化改革、实现中华民族伟大复兴等具有重要意义。

一、坚持问题导向是马克思主义的鲜明特点

坚持问题导向是马克思主义的鲜明特点，既充分彰显了马克思主义实事求是、不尚空谈和直面问题的实践品格，也体现了马克思主义矛盾观点和马克思主义认识论的本质要求。在马克思看来，任何哲学都是一定时代的产物，但只有那种真正把握住了自己所处时代的脉搏、深刻体现了自己所处时代的时代精神的哲学，才能够给人类实践以正确指导，推动历史的发展与时代的进步，因而才称得上是“真正的哲学”。每个时代都有属于自己的时代问题，准确地把握并解决时代问题是思想和社会进步的动力。任何哲学研究都必须对现实生活中人的生存

① 习近平:《在哲学社会科学工作座谈会上的讲话》，人民出版社 2016 年版，第 14 页。

境遇、价值诉求等层面凸显出来的矛盾与问题进行深度的研究、审视与批判，要在思想性与时代问题的互动对话中完成，就必须把握时代脉搏，强化问题意识，正确审视社会发展中的问题与困境。

（一）马克思主义实践性决定了必须坚持问题导向

习近平总书记在纪念马克思诞辰 200 周年大会上的讲话中指出："马克思主义是实践的理论，指引着人民改造世界的行动。马克思说，'全部社会生活在本质上是实践的'，'哲学家们只是用不同的方式解释世界，问题在于改变世界'。实践的观点、生活的观点是马克思主义认识论的基本观点，实践性是马克思主义理论区别于其他理论的显著特征。"[①] 实践性是马克思主义实现哲学革命的逻辑起点，也是马克思主义固有的理论品格，在实践基础上的理论创新，是保持马克思主义生命力的根本途径。

实践的观点是马克思主义哲学首要的、基本的观点，实践基础上的理论创新是马克思主义固有的理论品格。马克思主义哲学是马克思主义全部理论的基础，马克思主义哲学的本质特征是实践性和在实践基础上的科学性和革命性的统一。马克思

① 习近平：《在纪念马克思诞辰 200 周年大会上的讲话》，人民出版社 2018 年版，第 9 页。

实践观点是在批判旧哲学基础上形成的，针对旧哲学忽视实践的重要作用这一严重缺陷，马克思指出，“哲学家们只是用不同的方式解释世界，而问题在于改变世界”[①]。马克思和恩格斯自称“实践的唯物主义者”，以区别于脱离实践的唯物主义者，因此，他们的哲学也可称为“实践的唯物主义”，以区别于纯理论的唯物主义，即旧唯物主义。马克思和恩格斯在《德意志意识形态》中说：“对实践的唯物主义者即共产主义者来说，全部问题都在于使现存世界革命化，实际地反对并改变现存的事物。”[②]任何美好的理想都不会自动成为现实，而实践正是现实通往理想的桥梁，美好理想的意义全部在实现理想的过程即实践之中。

实践性决定了马克思主义必然随着人类社会的发展、科学技术的进步而不断发展，决定了马克思主义不是封闭的、僵化的、凝固不变的理论，而是开放的、发展的理论。这也正是马克思实践哲学的科学性和革命性所在。因此恩格斯指出，“马克思的整个世界观不是教义，而是方法。它提供的不是现成的教条，而是进一步研究的出发点和供这种研究使用的方法”[③]。对他们理论中一般原理的实际运用“随时随地都要以当时的历

① 《马克思恩格斯选集》第一卷，人民出版社 2012 年版，第 140 页。
② 《马克思恩格斯文集》第一卷，人民出版社 2009 年版，第 527 页。
③ 《马克思恩格斯选集》第四卷，人民出版社 2012 年版，第 664 页。

史条件为转移”[①]。列宁也指出，马克思理论“所提供的只是总的指导原理，而这些原理的应用具体地说，在英国不同于法国，在法国不同于德国，在德国又不同于俄国”[②]。马克思主义经典作家的这些论述告诉我们，马克思主义是与时代共同发展的开放的理论体系，具有在实践中不断自我更新、自我完善的理论品质，马克思主义的一些具体结论要依时间、地点、条件为转移，随着时代和实践的发展变化用符合新的实际的结论取代旧的过时的结论。马克思主义这种实践性特点，从根本上决定了它与社会现实生活、与广大人民群众的社会实践以及与具体的时代条件、时代问题的紧密联系，决定了它的不竭的创造活力和蓬勃生机。

（二）坚持问题导向体现了马克思主义矛盾观点

辩证唯物主义认为，矛盾是客观存在的，无处不在，无时不有，贯穿于事物的各个方面和发展的全过程。矛盾是事物发展的源泉和动力，任何事物的发展都处在矛盾运动之中，任何事物内部也都包含着正反两方面的矛盾，其中矛盾的主要方面更是决定着事物的性质。矛盾客观存在决定了所有的矛盾斗争都不因为主观的臆想而消失，因此，任何回避矛盾、逃避矛盾、

① 《马克思恩格斯选集》第一卷，人民出版社 2012 年版，第 376 页。
② 《列宁选集》第一卷，人民出版社 2012 年版，第 274—275 页。

消极懈怠的行为和思想都是要不得的。而问题便是事物矛盾的表现形式。毛泽东指出："什么叫问题？问题就是事物的矛盾。哪里有没有解决的矛盾，哪里就有问题。"[①]2015 年 1 月 23 日，习近平总书记在十八届中央政治局第二十次集体学习时的讲话中指出："矛盾是普遍存在的，矛盾是事物联系的实质内容和事物发展的根本动力，人的认识活动和实践活动，从根本上说就是不断认识矛盾、不断解决矛盾的过程。""问题是事物矛盾的表现形式"。[②]

矛盾普遍存在，问题就普遍存在。因此，只要在社会中生活和存在，就不可能不遇到问题。人们的社会生活，实际上就是不断遇到问题、发现问题和解决问题的过程。实践发展永无止境，矛盾运动永无止境。因此，问题是无处不在、无时不有的。问题是客观存在的，是不以任何人的意志为转移的。基于此，对待矛盾或问题的正确态度，应该是直面矛盾，并运用矛盾相辅相成的特性，在解决矛盾的过程中推动事物发展。习近平总书记指出："人类历史告诉我们，有问题不可怕，可怕的是不敢直面问题，找不到解决问题的思路。"[③]"我们强调增强问题意识、坚持问题导向，就是承认矛盾的普遍性、客观性，就是要善于把认识和

① 《毛泽东选集》第三卷，人民出版社 1991 年版，第 839 页。
② 习近平：《辩证唯物主义是中国共产党人的世界观和方法论》，《求是》2019 年第 1 期。
③ 《习近平谈"一带一路"》，中央文献出版社 2018 年版，第 152 页。

化解矛盾作为打开工作局面的突破口。”[①]

（三）坚持问题导向是马克思主义认识论的根本要求

坚持问题导向观照和回应的核心问题便是思维和存在、认识和实践的关系问题，而思维和存在、认识和实践的辩证关系问题又是马克思主义认识论的基本内容。因此，从根本意义上讲，坚持问题导向就是马克思主义认识论的根本体现。总的来说，发现问题、分析问题、解决问题的过程就是人们的主观认知与客观实际无限接近并逐渐统一的过程，就是马克思主义认识论在实践过程中逻辑展开和科学性不断彰显的过程。马克思主义认为，人类认识世界、改造世界的过程，就是一个发现问题、解决问题的过程。实践发展永无止境，矛盾运动永无止境，旧的问题解决了，又会产生新的问题。

首先，发现问题、分析问题、解决问题的过程就是主体认识不断深化的过程。在马克思主义认识论看来，认识事物的过程就是一个由浅入深、由现象到本质、由知之不多到知之甚多的无限深入的过程。认识问题的过程同样如此。客观问题是纷繁复杂且不断发展变化的，一方面问题有真有假，有虚有实；另一方面旧的问题消亡了、解决了，新的问题又会不断产生，

① 《习近平关于协调推进“四个全面”战略布局论述摘编》，中央文献出版社 2015 年版，第 86 页。

这就决定了我们对客观问题的认识和把握永远不会终结。因此，坚持问题导向就要强调一切从实际出发，就是要具体地历史地把握问题，而不是认为把握和解决了当下的问题就一劳永逸了，必须用不断发展的眼光看待问题、分析问题、解决问题。

其次，发现问题、分析问题、解决问题的过程就是主体的认识范围不断扩展的过程。实践是认识的来源，是检验认识真理性的唯一标准。随着人类变革世界的实践活动不断展开和发展，我们对未知世界的认知也会不断扩展，并不断走向深入。而从根本上讲，实践的过程就是不断发现问题、分析问题、解决问题的过程。从这个意义上讲，只要人的实践活动不会终结，我们对客观世界的认知就不会终结，这也意味着问题产生也不会终结。

最后，发现问题、分析问题、解决问题的过程就是坚持理论联系实际的过程。所谓理论联系实际，就是要把马克思主义普遍原理同中国具体实际相结合，同时代问题、中国问题相结合，做到理论和实际统一。这就要求我们要善于研究新情况，解决新问题，总结新经验，循着实践、认识、再实践、再认识的道路，不断丰富和发展马克思主义，并以不断发展的马克思主义解决现实问题，实现创新发展。

二、坚持问题导向的文化基因与实践智慧

始终坚持问题导向是中国共产党的优良传统，是中国共产党攻坚克难、创造百年辉煌的宝贵经验和重要法宝。坚持问题导向不仅凝练了中国共产党人立足中国具体实际治国理政的经验总结，坚守了马克思主义的本真精神，也蕴含了中华优秀传统文化的中国智慧。在新的历史起点上，始终坚持问题导向对于不断开辟马克思主义中国化时代化新篇章、深入推进全面深化改革、实现中华民族伟大复兴等具有重要意义。

（一）坚持问题导向是党的优良传统和宝贵经验

习近平总书记指出："我们中国共产党人干革命、搞建设、抓改革，从来都是为了解决中国的现实问题。"① 遇到问题就要积极地解决，注重以问题为导向的实践精神是我们党一贯坚持的优良传统，强烈的问题意识贯穿于我国革命、建设、改革和发展全部实践。我们党的一个伟大之处就在于，从不把"现存"视作"应当"，总是能够坚持问题导向，绝不回避矛盾，敢于发现问题并积极解决问题。从根本上讲，中国共产党创造百年

① 《习近平谈治国理政》第一卷，外文出版社 2018 年版，第 74 页。

辉煌的过程就是不断发现问题、分析问题、解决问题的过程。正如习近平同志所指出的："每个时代总有属于它自己的问题，只要科学地认识、准确地把握、正确地解决这些问题，就能够把我们的社会不断推向前进。"①

坚持问题导向，开辟了具有中国特色的革命道路。始终坚持问题导向，是以毛泽东同志为主要代表的中国共产党人团结带领全国各族人民取得新民主主义革命胜利的重要法宝。新民主主义革命时期，面临着民族独立和人民解放这一历史性课题，关键在于解决关于革命的主体、动力、对象、道路等一系列问题。基于此，我们党结合中国革命实际，探索出"农村包围城市、武装夺取政权"的正确革命道路，形成了毛泽东思想，并沿着这条道路，最终取得了新民主主义革命的胜利，建立了中华人民共和国。坚持问题导向，开启了建设有中国特色社会主义的历史进程。1984 年 6 月 30 日，邓小平在会见第二次中日民间人士会议日方委员会代表团时便指出："什么叫社会主义，什么叫马克思主义？我们过去对这个问题的认识不是完全清醒的。马克思主义最注重发展生产力。"②1985 年 10 月 23 日，邓小平在会见美国高级企业家代表团时又强调："要坚持社会主义制度，最根本的是要发展社会生产力，这个问题长期以来我

① 习近平：《之江新语》，浙江人民出版社 2007 年版，第 235 页。
② 《邓小平文选》第三卷，人民出版社 1993 年版，第 63 页。

们并没有解决好。”[①] 正是围绕解答“什么是社会主义、怎样建设社会主义”这一重大时代课题，我们创造性地将马克思主义与中国改革开放具体实际相结合，形成了邓小平理论，探索出了一条符合中国国情的社会主义建设道路，由此开启了建设有中国特色社会主义的伟大历程。坚持问题导向，开创了中国特色社会主义道路。江泽民在党的十四大报告中提出：“建设有中国特色社会主义的理论还有其他许多内容，还要在研究新情况、解决新问题的过程中，在实践检验中继续丰富、完善和发展。”[②] 江泽民在党的十五大报告中进一步指出：“一定要以我国改革开放和现代化建设的实际问题、以我们正在做的事情为中心，着眼于马克思主义理论的运用，着眼于对实际问题的理论思考，着眼于新的实践和新的发展。”[③] 胡锦涛在党的十七大报告中也强调：“既要总揽全局、统筹规划，又要抓住牵动全局的主要工作、事关群众利益的突出问题，着力推进、重点突破。”[④] 改革开放和社会主义现代化建设新时期，中国共产党人始终坚持问题导向，围绕解答“建设一个什么样的党、怎样建设党、实现什么样的发展、怎样发展”等一系列重大时代课题，形成了“三

① 《邓小平文选》第三卷，人民出版社 1993 年版，第 149 页。
② 《江泽民文选》第一卷，人民出版社 2006 年版，第 221 页。
③ 《江泽民文选》第二卷，人民出版社 2006 年版，第 12 页。
④ 胡锦涛：《高举中国特色社会主义伟大旗帜　为夺取全面建设小康社会新胜利而奋斗——在中国共产党第十七次全国代表大会上的报告》，人民出版社 2007 年版，第 16 页。

个代表”重要思想及科学发展观。

坚持问题导向，开创了新时代中国特色社会主义事业新局面。中国特色社会主义进入新时代，这是新时代我们作出一切决定和进行实践的历史方位和基本前提，是当代中国最大的客观实际。正是从这一客观前提出发，以习近平同志为核心的党中央，坚持问题导向，举旗定向，谋篇布局，在治党治国治军、改革开放发展等各个领域进行了一系列创新探索，确立了“五位一体”总体布局和“四个全面”战略布局，开展了一系列波澜壮阔的伟大实践活动。在实践中不断探寻解决问题的方法与路径，推进马克思主义理论的创新和发展，最终形成了习近平新时代中国特色社会主义思想，以全新视野深化了对共产党执政规律、社会主义建设规律、人类社会发展规律的认识，从理论和实践相结合的层面全面系统回应了“新时代坚持和发展什么样的中国特色社会主义、怎样坚持和发展中国特色社会主义、建设什么样的社会主义现代化强国、怎样建设社会主义现代化强国，建设什么样的长期执政的马克思主义政党、怎样建设长期执政的马克思主义政党”等重大时代课题，开创了新时代中国特色社会主义事业新局面。

（二）坚持问题导向蕴含着中华优秀传统文化的智慧

党的二十大报告指出：“只有把马克思主义基本原理同中国

具体实际相结合、同中华优秀传统文化相结合，坚持运用辩证唯物主义和历史唯物主义，才能正确回答时代和实践提出的重大问题，才能始终保持马克思主义的蓬勃生机和旺盛活力。”[①]坚持问题导向便是将马克思主义基本原理同中国具体实际相结合、同中华优秀传统文化相结合的产物，蕴含着丰富的中华优秀传统文化智慧。

坚持问题导向，体现了中华优秀传统文化经世致用的务实精神。经世，即经国济世也；致用，即尽其所用也。正所谓“君子之为学，以明道也，以救世也”。经世致用就是注重从社会现实矛盾出发，并以所学解决社会时弊以求达到国泰民安。这一理念从根本上体现了中国传统知识分子学以致用、注重务实、追求实效的精神品质以及救世济民、“以天下为己任”的家国情怀。

坚持问题导向，体现了中华优秀传统文化居安思危的忧患意识。忧患意识就是问题意识。作为蕴含中华文化智慧经典的《周易》有云：“危者，安其位者也；亡者，保其存者也；乱者，有其治者也。是故君子安而不忘危，存而不忘亡，治而不忘乱，是以身安而国家可保也。”如果一切都在风平浪静中安逸闲

① 习近平：《高举中国特色社会主义伟大旗帜　为全面建设社会主义现代化国家而团结奋斗——在中国共产党第二十次全国代表大会上的报告》，人民出版社2022年版，第17页。

适，那么这种不经历风雨的文明是不可能有生命力的。正如孟子所说的：“人恒过，然后能改；困于心，衡于虑，而后作；征于色，发于声，而后喻。入则无法家拂士，出则无敌国外患者，国恒亡。然后知生于忧患，而死于安乐也。”中华文明正是在这样的忧患意识中，一次次经历风险挑战，又一次次奋起抗争，不断成长和壮大，5000 多年历经磨难而生生不息。

坚持问题导向，体现了中华优秀传统文化中自强不息的进取精神。《周易》云：“天行健，君子以自强不息。”自古以来，中华民族就具有自强不息、刚健有为的优良品格，这种进取精神从实质上讲，就是敢于直面问题、敢于迎难而上，如精卫填海、愚公移山、大禹治水等，都充分彰显了这种精神品质。自强不息的进取精神，是一代又一代中华儿女不懈奋斗、艰辛探索形成的宝贵精神财富，为中华民族发展壮大提供着源源不断的动力。

坚持问题导向，体现了中华优秀传统文化革故鼎新的创新思维。《周易·杂卦》云：“革，去故也，鼎，取新也。”革故鼎新就是敢于打破常规的束缚，勇于变革，勇于创新。正所谓“苟日新，日日新，又日新”，正是在不断追求创新、不断自我否定和超越中，中华民族才创造了无数辉煌成就。问题是创新的起点和动力，革故鼎新的创新思维就是否定性思维，就是问题思维。无论是商鞅变法、管仲改革，还是赵武灵王胡服骑射、北宋庆历新政，无不是从自身实际出发，破除旧制，创立新制，追求变法图强。

（三）坚持问题导向的现实意义

坚持问题导向，有利于不断谱写马克思主义中国化时代化新篇章。习近平总书记在哲学社会科学工作座谈会上的讲话中指出："只有聆听时代的声音，回应时代的呼唤，认真研究解决重大而紧迫的问题，才能真正把握住历史脉络、找到发展规律，推动理论创新。坚持以马克思主义为指导，必须落到研究我国发展和我们党执政面临的重大理论和实践问题上来，落到提出解决问题的正确思路和有效办法上来。"① 今天我们所处的时代与马克思所处的时代相比，已经发生了巨大而深刻的变化，这种变化的深度和广度达到了前人难以想象的程度。当前，世界之变、时代之变、历史之变正以前所未有的方式展开。当今世界正处于大变革大调整时期，正所谓百年未有之大变局。一方面是全球化的潮流不可阻挡，各国之间相互联系依存日益加深，命运越发紧密相连；另一方面是当今世界越发走向分化、无序和分裂，制约着人类文明的发展和进步。全球治理赤字、发展的断裂与失衡、极端思潮的勃兴等是当今全球化时代的突出问

① 习近平：《在哲学社会科学工作座谈会上的讲话》，人民出版社 2016 年版，第 14 页。

题，其产生根源是以资本逻辑为主导的资本主义生产方式不断扩张所造成的以民族国家利益为基础的全球多元主体间交往异化的形成，并由此导致了全球治理和发展中人类共同利益和共同价值的缺位和式微。破解这些当代难题需要人类最高智慧，需要哲学层面的深层思考。马克思指出："一个时代的迫切问题，有着和任何在内容上有根据的因而也是合理的问题共同的命运：主要的困难不是答案，而是问题。因此，真正的批判要分析的不是答案，而是问题。正如一道代数方程式只要题目出得非常精确周密就能解出来一样，每个问题只要已成为现实的问题，就能得到答案。世界史本身，除了用新问题来回答和解决老问题之外，没有别的方法。因此，每个时代的谜语是容易找到的。这些谜语都是该时代的迫切问题，如果说在答案中个人的意图和见识起着很大作用，因此，需要用老练的眼光才能区别什么属于个人，什么属于时代，那么相反，问题却是公开的、无所顾忌的、支配一切个人的时代之声。问题是时代的格言，是表现时代自己内心状态的最实际的呼声。"[①] 因此，实现马克思主义的创新和与时俱进，必须关注和探索解决这些时代课题。

每一个时代都有每一个时代的问题，当代中国也正在经历

① 《马克思恩格斯全集》第一卷，人民出版社 1995 年版，第 203 页。

人类历史上最为宏大而独特的实践创新，改革发展稳定任务之重、矛盾风险挑战之多、治国理政考验之大都前所未有，面临着许多亟待回答的理论和实践课题。基于此，我们要准确把握时代大势，勇于站在人类发展前沿，聆听人民心声，回应现实需要，坚持解放思想、实事求是、与时俱进，更好地把坚持马克思主义和发展马克思主义统一起来，坚持用马克思主义之“矢”去射新时代中国之“的”，及时科学回答中国之问、世界之问、人民之问、时代之问，推进马克思主义创新发展，让马克思主义展现出更强大、更有说服力的真理力量，指引党和国家事业再创新的奇迹、取得更大胜利。

坚持问题导向是深入推进全面深化改革、实现民族复兴的必然要求。习近平总书记明确指出，深入推进全面深化改革，“要有强烈的问题意识，以重大问题为导向，抓住关键问题进一步研究思考，着力推动解决我国发展面临的一系列突出矛盾和问题”①。改革由问题倒逼而产生，又在不断解决问题中而深化。改革开放40多年来，我国取得了一系列举世瞩目的成就，向全世界展示了中国特色、中国风格、中国气派。但我们必须认识到，中国正处于爬坡过坎的紧要关口，进入发展关键期、改革攻坚期、矛盾凸显期，许多问题相互交织、叠加呈现。我们面

① 《习近平谈治国理政》第一卷，外文出版社2018年版，第74页。

临的发展机遇前所未有，面对的挑战更是前所未有，只有正视深化改革的复杂性、紧迫性，敢于正视和回应时代问题，我们才能打破发展的藩篱，在实现中华民族伟大复兴的道路上更进一步。

现在，我们已经站在一个新的历史起点，正在进行具有许多新的历史特点的伟大斗争。新的历史起点、新的历史特点，很大程度上就反映在我们所面对的复杂矛盾上，反映在我们所要解决的实际问题上。正如邓小平所指出的，“发展起来以后的问题不比不发展时少”①。如果没有强烈的问题意识，不能有效破解前进中的难题，改革就难以深入推进，发展就难以打开新的空间。只有始终坚持问题导向，正确认识和处理社会的主要矛盾，才能牢牢抓住党和国家工作的全局和总纲。

习近平总书记指出，“我国社会主要矛盾已经转化为人民日益增长的美好生活需要和不平衡不充分的发展之间的矛盾”。我们已经从着重解决“发展起来的问题”转向重点解决“发展起来以后的问题”，从着重解决“有没有”的问题转向重点解决“好不好”的问题，尤其是着重解决发展不平衡不充分的问题。明确对新时代党和国家事业发展作出科学完整的战略部署，提出实现中华民族伟大复兴的中国梦，以中国式现代化推进中华

① 冷溶、汪作玲主编：《邓小平年谱：1975—1997》（下），中央文献出版社2004年版，第1364页。

民族伟大复兴，统揽伟大斗争、伟大工程、伟大事业、伟大梦想，明确“五位一体”总体布局和“四个全面”战略布局，确定稳中求进工作总基调，统筹发展和安全，明确我国社会主要矛盾是人民日益增长的美好生活需要和不平衡不充分的发展之间的矛盾，并紧紧围绕这个社会主要矛盾推进各项工作，不断丰富和发展人类文明新形态。

三、坚持问题导向的现实要求和实践路径

历史和实践已经反复证明，能否做到始终坚持问题导向，对我们党和党的事业至关重要。坚持问题导向，就要坚持实践观点和求真务实精神，真抓落实，牢固树立正确政绩观，提升辩证思维能力，做到勇于直面问题、善于发现和分析问题、切实解决问题。

（一）坚持实践观点和求真务实精神，勇于直面问题，善于发现问题

问题无处不在、无时不有，关键在于敢不敢于正视问题，善不善于发现问题。祸患常积于忽微，发现问题了，要勇于回应，对问题遮遮掩掩，放任自流，很有可能会养痈成患、适得其反。问题不是头脑的想象，而是现实的生活。生活是群众的

事业，面向实际就是要面向群众。只有深入群众，才能够真正了解实际，才能够真正做到实事求是，也才能够真发现问题和发现真问题。正如习近平同志在《我的自述》中回忆七年知青岁月时所说的："七年上山下乡的艰苦生活对我的锻炼很大。最大的收获有两点：一是让我懂得了什么叫实际，什么叫实事求是，什么叫群众。这是我获益终生的东西。二是培养了我的自信心。"[①] 他把实际、实事求是和群众相提并论，是有深刻道理的。实际只能在群众的生活中间，只有深入群众，有眼睛向下的决心和甘当小学生的精神，迈开步子、走出院子，去车间码头、到田间地头，同真正明白实情的各方面人士深入沟通讨论，才能不让主观想象代替客观事实，才能不让欺上瞒下的谎言遮蔽真相，才能不让"现管"的大小干部挡着了解实际，让老百姓讲真话、讲实话、讲心里话。只有这样，调查研究才能发现百姓关心的问题，得出来的结论才可能是切合实际的、可行的、有用的。也只有广泛地、深入地"到群众中去"进行调查研究，才能找到"一切为了群众"的正确政策和措施，这些政策和措施才是真正完全"从群众中来"的，也只有这样的政策和措施才能够"到群众中去"切实有效解决问题。因此，坚持问题导向，就要实事求是，避免主观主义，走群众路线深入群众，认

① 中央党校采访实录编辑室：《习近平的七年知青岁月》，中共中央党校出版社 2017 年版，第 401 页。

真调查研究。

习近平同志明确指出："重视调查研究，是我们党在革命、建设、改革各个历史时期做好领导工作的重要传家宝。马克思主义的辩证唯物主义、历史唯物主义世界观和方法论，党的实事求是的思想路线，党的从群众中来、到群众中去的根本工作路线，都要求我们的领导工作和领导干部必须始终坚持和不断加强调查研究。只有这样，才能真正做到一切从实际出发、理论联系实际、实事求是，真正保持党同人民群众的密切联系，也才能从根本上保证党的路线方针政策和各项决策的正确制定与贯彻执行，保证我们在工作中尽可能防止和减少失误，即使发生了失误也能迅速得到纠正而又继续胜利前进。"[①]调查研究是我们的传家宝，是我们把握工作实际，制定正确路线方针政策，从而有效解决发展中的种种问题，实现好、维护好、发展好最广大人民根本利益的重要法宝。从根本意义上讲，调查研究的过程就是实事求是的过程。要做好调查研究，就必须着眼实际，勤于实践，要解放双脚，走出屋子，要眼睛向下，深入群众和实地调研，只有这样才能真正掌握更贴合实际的信息和情况；要做好调查研究，就必须全面深入，不可马马虎虎，走走过场，流于形式，在实际工作中要始终秉持实事求是的基本原则，坚

① 习近平：《谈谈调查研究》，《学习时报》2011年11月21日。

持以问题为导向，在调查研究过程中不断发现问题、分析问题和解决问题；要做好调查研究，关键是要做到“心至”。所谓“心至”，就是要心里真的装着老百姓，真心实意地做到体民情、询民意、解民忧，急老百姓之所急，想老百姓之所想，切实地去了解和解决老百姓的困难和需求。

（二）坚持真抓实干，切实解决问题

坚持问题导向，不仅要运筹帷幄之中，还要决胜千里之外，做到“一分部署，九分落实”。一张好的蓝图，只要是科学的、切合实际的、符合人民愿望的，就要一茬接着一茬干，干出来的都是实绩，人民群众都会看在眼里、记在心里。三天打鱼，两天晒网，朝令夕改，那就什么事情也干不成。如果落实工作抓得不好，再好的方针、政策、措施也会落空，再伟大的目标任务也实现不了。

以问题为导向的实干精神一直是中国共产党的鲜明特质。从实现民族独立到初步建立国家工业体系，从改革开放后的经济腾飞到全面深化改革的攻坚克难，无不彰显着中国共产党人求真务实、真抓实干的实干精神。习近平同志强调，抓落实，是把决策变为人们的实践行动、由认识世界到改造世界的过程，无疑需要克服主观和客观上的诸多障碍，需要付出艰辛的努

力。[①] 抓落实，就要有“咬定青山不放松”的韧劲、“踏石有印、抓铁有痕”的非凡魄力、“衣带渐宽终不悔”的坚定信念，发扬钉钉子的精神，切实分析问题、解决问题，真正把各项工作落到实处、抓出实效。2006 年 12 月 6 日，时任中共浙江省委书记的习近平同志曾形象地指出：“抓落实就好比在墙上敲钉子：钉不到点上，钉子要打歪；钉到了点上，只钉一两下，钉子会掉下来；钉个三四下，过不久钉子仍然会松动；只有连钉七八下，这颗钉子才能牢固。”[②]

这就说明，抓落实首先要抓到点上、以点带面。要盯住事关全局的重点工作、重点问题，把力量凝聚到点上，着力解决涉及全局的突出问题难点问题，以点带面，推动全局，避免“撒胡椒面”式地这里抓一下，那里敲一点，浅尝辄止、朝三暮四。其次要一抓到底，常抓不懈。解决问题的过程，要一步一个脚印，步步为营，有板有眼，深入而持续地抓好落实，而不能满足于会议开过了，文件发过了，嘴上讲过了。最后要结合实际，因地制宜，做到具体问题具体分析、具体解决。这就好比敲钉子也不能光凭着一股蛮力，逢墙乱钉，碰到容易脱落或者开裂的墙面时，还要想办法修补墙面，打好敲钉子的基础。抓落实也要根据本地区、本单位的实际加以贯彻落实，而不是

---

① 习近平：《关键在于落实》，《求是》2011 年第 6 期。
② 习近平：《之江新语》，浙江人民出版社 2007 年版，第 241 页。

依葫芦画瓢、搞照搬照套。总之，抓落实，就是要说实话、办实事、想实招、求实效，不要做“形象工程”“政绩工程”，要对自己负责、对党负责、对人民负责。

（三）坚定人民立场，牢固树立正确政绩观

马克思主义认为，共产党的根本政治立场就是人民立场，这是共产党与其他政党的根本区别。在谈到共产党人与无产者关系时，马克思、恩格斯在《共产党宣言》中明确指出：“他们没有任何同整个无产阶级的利益不同的利益。”[①] 也就是说，共产党人没有任何自己的私利，共产党人所代表的利益就是全体无产者的根本利益。在谈到共产党与其他无产阶级政党的区别时，马克思、恩格斯在《共产党宣言》再次强调：“一方面，在无产者不同的民族的斗争中，共产党人强调和坚持整个无产阶级共同的不分民族的利益；另一方面，在无产阶级和资产阶级的斗争所经历的各个发展阶段上，共产党人始终代表整个运动的利益。”[②]一直以来，无数共产党员之所以能够公而忘私，就在于他们有着崇高的信仰。虽然越是崇高的信仰，越是难以到达的彼岸，但也越能给予人强大的力量。在崇高的信仰面前，任何个人私利都是不值一提的。因此，各级党员干部要不断筑牢

①② 《马克思恩格斯文集》第二卷，人民出版社 2009 年版，第 44 页。

信仰的根基，坚持从人民群众最关心最直接最现实的利益问题出发，牢固树立正确政绩观，努力做到公而忘私。党员干部能否做到切切实实解决问题，反映的是一个人的政绩观，取决于个人是坚持人民利益至上还是个人得失至上。事实上，有的人为了谋取自己的私利，有可能罔顾问题甚至遮蔽问题，对群众疾苦视若无睹，对群众利益麻木不仁，遇到难啃的“硬骨头”，不愿为、不能为、不敢为，搞所谓“形象工程”“政绩工程”，这就会造成公共利益的受损，严重影响了党群干群关系的和谐。对此，习近平总书记强调：“干事创业一定要树立正确政绩观，做到‘民之所好好之，民之所恶恶之’。要求真务实、真抓实干，做工作自觉从人民利益出发，决不能为了树立个人形象，搞华而不实、劳民伤财的‘形象工程’、‘政绩工程’。”①“形式主义实质是主观主义、功利主义，根源是政绩观错位、责任心缺失，用轰轰烈烈的形式代替了扎扎实实的落实，用光鲜亮丽的外表掩盖了矛盾和问题。”②

坚持问题导向，要求各级领导干部要有“功成不必在我”的思想境界，始终坚持为人民谋利益的政绩观，从与人民切身利益紧密相关的问题出发，从战略全局高度，谋长远之策，行

① 《习近平谈治国理政》第二卷，外文出版社 2017 年版，第 144 页。
② 《习近平关于“不忘初心、牢记使命”论述摘编》，中央文献出版社、党建读物出版社 2019 年版，第 189 页。

固本之举，正确处理大我和小我的关系，长远利益、根本利益和个人抱负、个人利益的关系，多做打基础、利长远的事，不搞脱离实际的盲目攀比，真正做到对历史和人民负责。当前阶段，难点、热点、痛点交织，问题有真有假，有虚有实，因此，必须牢牢抓住真问题、实问题。真问题、实问题必然是和老百姓息息相关的问题，习近平总书记强调："把以人民为中心的发展思想体现在经济社会发展各个环节，做到老百姓关心什么、期盼什么，改革就要抓住什么、推进什么，通过改革给人民群众带来更多获得感。"①能否善于发现实质问题，关键就在于心里是否装着人民群众。各级领导干部要以"功成不必在我"的精神境界和"功成必定有我"的历史担当，把实现好、维护好、发展好最广大人民根本利益作为一切工作的出发点和落脚点，既聚焦解决人民群众最关注的重点、难点、焦点问题，又着力维护和实现人民群众在经济、政治、文化、社会、生态等各方面的权益，在整体推进、重点突破中推动中国特色社会主义事业不断向前发展。

（四）加强理论学习，提高辩证思维能力

唯物辩证法认为，世界是一个普遍联系、永恒发展的复杂

① 《习近平谈治国理政》第二卷，外文出版社 2017 年版，第 103 页。

系统，批判性和革命性是其根本特质。正如马克思所指出的："辩证法，在其合理形态上，引起资产阶级及其空论主义的代言人的恼怒和恐怖，因为辩证法在对现存事物的肯定的理解中同时包含对现存事物的否定的理解，即对现存事物的必然灭亡的理解；辩证法对每一种既成的形式都是从不断的运动中，因而也是从它的暂时性方面去理解；辩证法不崇拜任何东西，按其本质来说，它是批判的和革命的。"[①] 唯物辩证法揭示出的最基本道理，就是万事万物都处在生生灭灭的运动变化之中，我们要善于在过程之中把握事物，具体分析事物存在的条件性。

物质世界并不存在任何绝对孤立、静止、片面的事物，而是普遍联系和永恒发展的。因此，唯物辩证法要求我们必须坚持全面的观点，从事物的整体性去分析和解决问题，避免"一叶障目，不见泰山"的片面性；必须坚持发展的观点，从事物的不断运动变化中把握事物和解决问题，避免"刻舟求剑"的僵化思维方式；必须坚持系统的观点，把事物作为一个相互联系、相互作用的整体来把握，不仅要分析组成系统的每一个要素，还要把握要素和要素的关系、要素和整体的关系、整体和部分的关系，避免"头痛医头，脚痛医脚"的机械思维方式。而要做到全面、发展、系统地而非孤立、静止、片面地看待问

① 《马克思恩格斯文集》第五卷，人民出版社 2009 年版，第 22 页。

题和分析问题，就必须做到实事求是。实事求是正是从实际出发来探求事物、事物之间的内在联系和发展规律，“内在地包含了要用联系的、发展的、全面的观点看问题，揭示事物固有的规律性，体现了活生生的唯物辩证法”[①]。

辩证思维要求我们在具体工作中必须全面、辩证、发展地分析问题、解决问题，避免片面、静止、孤立地分析问题、解决问题，要学会“十指弹琴”，一分为二看问题。基于此，我们要提高辩证思维能力，就必须加强唯物辩证法的理论学习，掌握辩证思维的规律，养成辩证思维的习惯和自觉。习近平总书记指出：“学习掌握唯物辩证法的根本方法，不断增强辩证思维能力，提高驾驭复杂局面、处理复杂问题的本领。‘事必有法，然后可成。’我们的事业越是向纵深发展，就越要不断增强辩证思维能力。当前，我国社会各种利益关系十分复杂，这就要求我们善于处理局部和全局、当前和长远、重点和非重点的关系，在权衡利弊中趋利避害、作出最为有利的战略抉择。”[②]这段话深刻地指出了增强辩证思维、提高驾驭全局的辩证思维能力的重要作用。

提高辩证思维能力，最根本的在于通过阅读马列经典著作，

① 董振华、王宜科：《论继续解放思想与全面深化改革》，《中共杭州市委党校学报》2014年第2期。

② 习近平：《辩证唯物主义是中国共产党人的世界观和方法论》，《求是》2019年第1期。

学习和掌握其中的哲学方法，更加自觉地坚持和运用唯物辩证法，在实际工作中、在得与失的价值选择中正确处理目的和手段、全局和局部等各种复杂关系。学习马列经典著作对于广大党员干部提高辩证思维能力，掌握科学的思想方法和工作方法，进而正确分析问题、解决问题和推动工作具有重大意义。广大党员干部一定要原原本本、认认真真研读马列经典著作，尤其是熟练掌握精髓要义，自觉地阅读经典，通过不断的理论学习树立崇高的价值观和坚定的理想信念，从而避免利益因素的制约，更加自觉地坚持唯物辩证法，以接受哲学智慧的滋养和掌握辩证思维的规律，从而打牢马克思主义理论功底，在解放思想和实事求是中努力提高辩证思维能力。

要透过现象看本质。看问题不能雾里看花、水中望月，不能浅尝辄止、盲人摸象、稀里糊涂。比如，从“中国崩溃论”到“中国威胁论”，一直以来西方唱衰中国的论调不绝于耳，一些人就迷失在这些嘈杂的唱衰声中，无法正确把握中国基本面，对个人发展失去了动力，对社会发展失去了信心，对民族复兴失去了希望。透过现象看本质就是要去粗取精、去伪存真、由此及彼、由表及里，只有这样才能拨开迷雾，擦亮眼睛看问题，才能把握问题的实质，找到问题的症结，摸清事物的规律。

要坚持“两点论”和“重点论”的统一。矛盾是普遍存在的，存在于一切事物之中，贯穿于一切过程的始终。而且，贯穿一切事物全过程的矛盾不是整齐划一的，而是参差不齐的。它们在事物运动发展过程中作用和地位是不同的，有主要矛盾也有次要矛盾，有矛盾的主要方面也有矛盾的次要方面。这就要求我们在运用辩证思维分析和解决问题时，要抓住主要矛盾和矛盾的主要方面，这就是“重点论”。同时，又不能“攻其一点不及其余”地单打一，要兼顾次要矛盾和矛盾的次要方面，从而促进主要矛盾和矛盾主要方面问题的解决，这就是“两点论”。“两点论”是有重点的“两点论”，“重点论”是“两点论”基础上的“重点论”，做到“重点论”和“两点论”有机统一，这是辩证思维规律的必然要求。因此，我们看待和分析一切问题，都要始终坚持“两点论”和“重点论”相统一。对发展中的各种问题，既要抓住主要问题，同时也要学会“弹钢琴”，注意解决次要问题。

第五章

必须坚持系统观念

党的二十大报告指出："必须坚持系统观念。万事万物是相互联系、相互依存的。只有用普遍联系的、全面系统的、发展变化的观点观察事物，才能把握事物发展规律。我国是一个发展中大国，仍处于社会主义初级阶段，正在经历广泛而深刻的社会变革，推进改革发展、调整利益关系往往牵一发而动全身。我们要善于通过历史看现实、透过现象看本质，把握好全局和局部、当前和长远、宏观和微观、主要矛盾和次要矛盾、特殊和一般的关系，不断提高战略思维、历史思维、辩证思维、系统思维、创新思维、法治思维、底线思维能力，为前瞻性思考、全局性谋划、整体性推进党和国家各项事业提供科学思想方法。"[①] 坚持系统观念，在习近平新时代中国特色社会主义思想中，主要回答谋划与推进党和国家各项事业"怎么看和怎么办"的方法论问题，是马克思主义唯物辩证法在新时代中国特色社会主义中的具体运用和生动体现，是我们党统揽中华民族伟大

① 习近平：《高举中国特色社会主义伟大旗帜 为全面建设社会主义现代化国家而团结奋斗——在中国共产党第二十次全国代表大会上的报告》，人民出版社 2022 年版，第 20—21 页。

复兴战略全局具有基础性的思想方法和工作方法。

一、系统观念的理论基础和文化基因

坚持系统观念是中国共产党人科学的思想方法和工作方法，既彰显了马克思主义唯物辩证法的基本观点，也蕴含了中华优秀传统文化中的深邃智慧，还体现了现代系统科学的成果精髓。

（一）马克思主义世界观和方法论的基本范畴

系统是由若干相互联系、相互作用、相互依存的要素，按照一定的结构构成的整体。系统观点是马克思主义哲学的一个核心命题，用以表明事物存在和发展的方式，即普遍联系和永恒发展。所谓系统观念，就是运用系统观点和系统方法认识世界和改造世界，把对象作为具有一定结构和功能的、多方面相互联系的有机整体，在动态中分析，以把握系统中要素与要素、要素与系统、系统与外部环境之间的相互作用和变化规律，争取从总体上实现最优处理问题的思维方式。按照系统观念，万事万物都是作为系统而存在、作为系统而发展的。从一定意义上说，具体的事物都是有条件的存在，而联系就是事物存在的条件，离开了具体的联系，事物就失去了存在的条件，也就丧失了存在的现实性。

按照唯物辩证法，我们可以从两个维度来理解事物的存在和发展的系统性，即空间和时间。从空间维度而言，世界上的万事万物都是普遍联系的，都和其他事物有着千丝万缕的联系，从来不存在和别的事物不发生任何联系的孤立的事物，正是这些联系构成了事物存在的现实条件，失去了联系就意味着丧失了存在的条件。从时间维度而言，万事万物都是作为过程而存在的，世界不过是过程的集合而已。事物作为过程是由一个阶段和一个阶段所构成的整体，阶段和阶段之间的联系就构成了事物存在的历史条件。任何一个具体的事物，都是处于一定历史阶段的事物，既是前一阶段事物的结果，也是后一阶段事物的前提。也就是说，任何一个具体的事物都有前因，也有后果，从来没有隔断历史的“飞来峰”。就在事物前因、后果的联系变化中，构成了事物存在的历史条件。因此，任何事物都是在一定历史条件中存在，也是在一定历史条件中发展的。

整体性是系统的基本属性，要求一切着眼于全局，把全局作为认识问题、做出决策和推动工作的最高标准，决定是非取舍以达到整体性利益优化。系统的整体性具有两层含义：一方面是整体的制约性，即处于某个系统之中的要素，其性能要受到该系统整体的制约和规定，只有处在系统的具体联系中才具有应有的功能；另一方面是整体不等于各孤立部分的总和，即系统的整体性质和功能只存在于各个要素的相互联系、相互作用之中，各个孤立要素性能的简单相加并不能反映系统的整体性。系统的整体性要求主体在认识客观对象时，要意识到客观对象整体具有与部分完全不同的新特征和新性质，且规定并限制着部分的发展方向与发展趋势。按照系统的整体性，整体大于局部的总和，整体决定局部。在对客观事物进行规划时，必须总揽全局、协调各方，要善于从整体上、全局上把握问题，全面地而不是片面地、联系地而不是零散地、普遍联系地而不是单一孤立地看待问题。

坚持系统观念，充分彰显了唯物辩证法的精髓和核心要义。既然从来没有隔断历史的“飞来峰”，也没有孤立存在的原子，我们只有用普遍联系的、全面系统的、发展变化的观点观察事物，才能把握事物发展规律，才能统揽全局、系统谋划和整体推进党和国家各项事业。

（二）中华优秀传统文化的智慧

坚持系统观念，体现了中华优秀传统文化中的整体观念。自古以来，中华传统智慧就蕴含着丰富的整体观念，强调和注重把握事物之间的整体性、和谐性和统一性。如“无极生太极，太极生两仪，两仪生四象，四象生八卦，八卦演万物”的宇宙整体观，“修身齐家治国平天下”的群己一体观，“天人之际，合而为一”的天人合一观，“知行相资以为用”的知行统一观，

“协和万邦、天下大同”的天下观，等等。

坚持系统观念，体现了中华优秀传统文化中的宇宙整体观。中华传统的宇宙整体观强调说明宇宙万物的起源和世界是物质多样性的统一体。《周易·系辞》云：“是故易有太极，是生两仪，两仪生四象，四象生八卦。”意思是说太极是天地未分的统一体，是世界的本原。太极如何产生万物的？太极是世界产生总过程的开始，由太极出生天地（阴阳），天地运行而有四时，四时运行演变出天、地、雷、风、水、火、山、泽八种自然现象，然后万物生成。宇宙万物整体相连，变化不停，循环不息。在中国古人看来，宇宙万事万物也是相生相克的。如中国古代的五行说便是最集中的体现。五行说把日常生活中的金、木、水、火、土五种元素作为构成宇宙万物及各种自然现象变化的基础。将五行作为一个整体系统，认为各元素间存在着相生相克的对立统一关系，相互作用、相互协调。所谓五行相生，即金生水、水生木、木生火、火生土、土生金，由此则万物生长。所谓五行相克，即木克土、土克水、水克火、火克金、金克木，由此则万物消亡。相生与相克也是统一的，只有相生没有相克，则无法保持平衡发展；只有相克没有相生，则万物无法生息。

坚持系统观念，体现了中华优秀传统文化中的群己一体观。在看待个体与群体、个人与社会、家与国的关系上，中国古人也是整体地把握、系统地看待，认为个体与群体、个人与社会、家与国之间就是一个整体系统，相互联系、不可分割。如对于家与国的关系，《礼记·大学》有言："古之欲明明德于天下者，先治其国；欲治其国者，先齐其家；欲齐其家者，先修其身；欲修其身者，先正其心；……身修而后家齐，家齐而后国治，国治而后天下平。"意思是说，古代那些要使美德彰明于天下的人，要先治理好他的国家；要治理好国家的人，要先整顿好自己的家；要整顿好家的人，要先进行自我修养；要进行自我修养的人，要先端正自己的思想……自我修养完善了，然后家庭整顿有序；家庭整顿好了，然后国家安定繁荣；国家安定繁荣了，然后天下平定。在这里，个体、家、国、天下之间便构成一个环环相扣的有机系统，相互联系、相互统一。对于群己关系，荀子认为："人力不若牛，走不若马，而牛马为用，何也？曰：人能群，彼不能群也。"（《荀子·王制》）意思是说，人的力量没有牛的大，人的赶路速度没有马快，那么，牛和马为什么被（人）驱使呢？因为人是群体性的，有合作的能力，而牛马没有。也就是说，人是社会性的人，个体总是生活在群体之中，离不开社会和群体。

坚持系统观念，体现了中华优秀传统文化中的天人合一观。天人合一是中国古人世界观、自然观的集中体现，体现了中国古代关于天与人、天道与人道、自然与人相通相融的系统观点。如董仲舒明确提出："天人之际，合而为一。"（《春秋繁露·深察名号》）；张载在《正蒙·乾称篇》中也指出，“儒者则因明致诚，因诚致明，故天人合一，致学而可以成圣，得天而未始遗人”。所谓天人合一，即把人与自然作为一个整体系统来看待，而非对立地、孤立地看待它们之间的关系。正所谓“人法地，地法天，天法道，道法自然”，自然不是外在于人的“他者”，人与自然是一致且相通的，天道与人道是一致且相通的，“天有日月，人有两目。地有九州，人有九窍。天有风雨，人有喜怒。天有雷电，人有音声。天有四时，人有四肢。天有五音，人有五脏。天有六律，人有六腑”（《黄帝内经》）。因此，中国古人认为人应当敬畏自然，顺应自然规律，由此达到人与自然和谐，实现“天地与我并生，而万物与我为一”。

坚持系统观念，体现了中华优秀传统文化中的知行统一观。明末清初思想家王夫子说：“知行相资以为用。惟其各有致功，而亦各有其效，故相资以互用；则于其相互，益知其必分矣。”（《礼记章句·中庸衍》）他认为，知与行有着不同的功用，不可以混淆，但这种区别也使得知与行可以相资互用、互为支持。朱熹认为：“知之愈明，则行之愈笃；行之愈笃，则知之益明。”（《朱子语类》卷十四）意思是说只有对事物本质和规律认识得越清楚明白，行动起来才越坚定有力；而越付诸行动，则对事物的本质和规律就认识得越深刻。知与行，即认识世界和改造世界，是人类创造历史的两种基本活动。知与行是相辅相成、不可分离的，是统一的有机系统。在两者的辩证关系中，知是基础、是前提，而行是重点、是关键。在实践中，必须坚持知行合一，做到以知促行、以行促知、学以致用。

坚持系统观念，体现了中华优秀传统文化中的中和之道。中和之道本质上也是一种系统思维，是中华传统智慧中注重事物发展过程中各种矛盾关系的和谐、协调、平衡状态的思维方法。《礼记·中庸》有言："中也者，天下之大本也；和也者，天下之达道也。致中和，天地位焉，万物育焉。"意思是说"中"是天下万物的根本性质，朱熹在解《中庸》之题时指出："中者，不偏不倚，无过不及之名。""和"则是人们普遍遵守的普遍法则，即和谐圆融、协调平衡。只有达到了中和，天下万物才能各得其所，协调平衡发展。从根本意义上讲，中和之道体现了一种"执两用中"的辩证思维方法，追求不偏不倚，恰到好处。《礼记·中庸》有言："子曰：'舜其大知也与！舜好问而好察迩言，隐恶而扬善。执其两端，用其中于民，其斯以为舜乎！'"在国家治理层面，"执两用中"就是要注重从长远和全局出发，兼顾好当前利益和长远利益、全局和局部的关系。正如清朝学者陈澹然在《迁都建藩议》中所讲的："惟自古不谋万世者，不足谋一时；不谋全局者，不足谋一域。"意思是说不从长远角度思考问题，就难以谋划周全一时之事；不从全局利益考虑问题，就难以谋得局部之事。国家治理作为一项系统工程，必须统筹兼顾，协调好各个领域的发展。另外，“和而不同”则是中和之道的精髓所在。郑玄曰：“宫商角徵羽，杂比曰音，单出曰声。”“宫商角徵羽”是中国古代音律中的五个音阶，每一个音阶称为“声”，而五个音阶杂糅配合，形成旋律便为音，声和音这两个对立的事物达至和谐统一的状态，便会产生优美的音乐。在这里，音就是一个系统，而声便是组成系统的各个要素，系统作为一个整体并不是各要素的简单叠加，而是通过一定结构将各个要素有机联系起来，使整体具备单个要素所不具备的功能，由此达到和谐统一。因此，“和而不同”强调的就是有差别的同一，讲求的是求同存异、兼收并蓄。其实质即是在尊重事物多样性、丰富性、差异性基础上求得事物之间的平衡、协调和统一。自古以来，“和而不同”便被看作是正确处理国家治理中人与人、人与自然、民族与民族、国家与国家之间关系的一条黄金法则，体现了中华民族兼容并包的情怀。

坚持系统观念，体现了中华优秀传统文化中的天下观。中华优秀传统文化主张求同存异的和谐发展理念，认为万物相辅相成、和实生物。这种理念深刻体现了中华民族兼容并包、协和万邦的天下情怀。中华民族一直是富于“天下”（世界）观念的，主张行大道，谋大同，正所谓“大道之行也，天下为公”，行大道于天下，就是要以天下观天下，就是要站在多元一体、和而不同的天下高度谋求和平与发展，以此则天下平，大同至。

天下观是中国古人对世界系统和秩序的看法，这种观点把天下作为表征地理空间、文化心理、秩序理念的有机体，寻求建构天下秩序的统一性。比如，《尚书·尧典》有言："克明俊德，以亲九族。九族既睦，平章百姓。百姓昭明，协和万邦。"其本意是指最高决策者在把自己家族和国家管护治理得井然有序的基础上，再将其他各国各族凝聚起来形成合力，使天下不同国家、不同民族的百姓协作共事、和睦相处。

坚持系统观念，体现了中华优秀传统文化中的见微知著思维。《韩非子·说林上》中讲道："见微以知萌，见端以知末。"意思是看到事物微小的迹象，就知道其发展的趋势和程度。《文子·九守》中也讲道："夫道，大以小而成，多以少为主，故圣人以道莅天下，柔弱微妙者见小也，俭啬损缺者见少也，见小故能成其大，见少故能成其美。"在中国古人看来，国家治理是一项复杂的系统工程，必须统筹规划、协调推进，既需要抓大放小，以大兼小，善于观大势、谋大局、抓大事，更要注重以小带大、小中见大，善于见微知著，见端知末，防微杜渐，做到持之以恒，久久为功。从逻辑关系上讲，只有做到了小中见大，通过敏锐的洞察和判断把握事物发展的趋势和规律，才能真正做到抓大放小，运筹帷幄之中，决胜千里之外。《道德经·第六十三章》云："图难于其易，为大于其细。天下难事，必作于易；天下大事，必作于细。是以圣人终不为大，故能成其大。”意思是说，解决困难的事要从容易解决时去谋划，做大事要从细小处做起。天下的难事都是从容易的时候发展起来的，天下的大事都是从细小的地方一步步形成的。大与小、近与远、点与面是辩证的，落实到国家治理上，便是当前与长远、局部与全局的关系。见微知著思维强调的就是必须立足当前，着眼长远，立足局部，把握全局，在长远和全局的高度审时度势抓住关键点。

（三）现代系统科学的成果精髓

系统观念的发展和完善离不开现代系统科学的发展。恩格斯在《自然辩证法》的《导言》以及《〈反杜林论〉旧序。论辩证法》《神灵世界中的自然研究》等篇目和相关札记中对自然科学和辩证法之间的关系进行了深入阐述。在恩格斯看来，自然科学和辩证法是相辅相成的，自然科学的发展是辩证法产生和发展的重要基础，而辩证法则对自然科学的发展也有着重要指导作用。在《〈反杜林论〉旧序。论辩证法》中，恩格斯指出，随着经验的自然研究的不断发展，产生了一种迫切的理论概括的需要，这一需要就是既要对每一个自然研究领域中所积累的大量实证材料进行系统的整理和概括，也要为每个部门之间确立好正确的关系。这就意味着“自然科学便进入理论领域，而在这里经验的方法不中用了，在这里只有理论思维才管用”[①]，因为“一个民族要想站在科学的最高峰，就一刻也不能没有理论思维”[②]。恩格斯进一步明确指出，理论思维是历史的产物，在不同的历史阶段会有不同的表现形式，对当前的自然科学研究来说，最重要、最管用的理论思维形式便是辩证法，“因为只有辩证法才为自然界中出现的发展过程，为各种普遍的联系，为一个研究领域向另一个研究领域过渡提供类比，从而提供说明方法”[③]。

客观世界是一个系统。世界上一切事物，无论是其存在还是其演变都是在一定的系统中进行的，这已被科学的发展不断证实。我们可观察到的宇宙，在其100多亿年的产生和演化史中，把宇观、宏观和微观的世界结合为一个系统整体。地球的历史，生动地描述了从无机物到有机物，再到生命物质的进化过程。人类只是这一自然进化过程发展到一定阶段的产物。人类的实践历史，就是自然界、社会与思维相结合的写照。

正在蓬勃发展的现代系统科学，是人类对客观系统不断探索的阶段性成果，它标志着人类思维能力的进化已达到新的阶段。由于系统思想的研究对象一般都是复杂系统，复杂系统的

① 《马克思恩格斯选集》第三卷，人民出版社2012年版，第873页。
② 《马克思恩格斯选集》第三卷，人民出版社2012年版，第875页。
③ 《马克思恩格斯选集》第三卷，人民出版社2012年版，第874页。

特点是因素众多、结构复杂、整体性强，而且具有随机性、非线性、不稳定、非平衡和多种发展可能等特点。用传统的研究方法解决复杂系统问题，就显得捉襟见肘。系统科学是适应科学研究对象由简单性向复杂性转变、由以个体为中心向以系统为中心转变而产生的。建立在系统科学基础上的系统思想对于解决复杂系统问题，显示出了传统方法不能与之相比的优越性。所以，系统思想就为解决复杂系统问题和进行战略思维提供了科学方法论。

诞生于 20 世纪中叶，以系统论、信息论和控制论为核心的系统科学，是在当时科技条件基础上，适应经济发展需要、政治需要、军事需要而产生的。系统科学研究横跨一切领域、一切科学、一切部门、一切物质运动形式，具有系统、控制等共同属性和共同规律。在此基础上形成的系统方法是科学方法论的创新，它具有一般方法论的普遍性，广泛应用于研究政治、经济、军事、教育乃至整个社会问题，打破了自然科学方法与社会科学方法的传统界限。系统科学方法突破了传统方法的思维模式，成为审视全局、系统分析的有效工具和方法。系统方法是战略思维的基本方法之一。系统科学遵循一条从整体到局部、从系统到元素的研究途径和思维方式，对系统、结构、功能、模型进行分析、综合、判断、归纳和演绎，并始终把整体综合作为出发点和落脚点。系统科学这种全新的思维方式，把研究与思考对象当作整体的、运动的、活生生的、相互联系的复杂系统来考察，为我们更好地认识世界和改造世界提供了一种重要的理论和方法。

进入 20 世纪 70 年代，在现代科学技术发展基础上，耗散结构论、协同论、突变论等系统理论陆续确立并不断发展，推动现代系统科学迈向新的台阶。耗散结构理论最早由比利时物理化学家和理论物理学家普里戈金提出，耗散结构理论是关于非平衡系统自组织的理论，强调一个远离平衡态的非线性的开放系统通过不断与外界交换物质和能量，在系统内部某个参量的变化达到一定的阈值时，通过涨落，系统可能发生突变即非平衡相变，由原来的混沌无序状态转变为一种在时间上、空间上或功能上的有序状态。这种在远离平衡的非线性区形成的新的稳定的宏观有序结构，由于需要不断与外界交换物质或能量才能维持，因此被称为“耗散结构”。也就是说，一个孤立封闭的系统，只会自发地发生熵增，自发地走向无序和瓦解。反之，一个开放和非平衡的系统，才能不断发展和完善。1971 年，德国物理学家哈肯则提出了“协同”的概念，创建了协同论。协同论是研究协同系统从无序到有序的演化规律的理论。协同论基于“很多子系统的合作受相同原理支配而与子系统特性无关”的原理，主张各种各样的系统，虽然有着不同的属性，但是从整体来看，各个系统间又存在着相互影响而又相互合作的关系。

二、系统观念是我们党具有基础性的思想方法和工作方法

党的二十大报告指出："我国是一个发展中大国，仍处于社会主义初级阶段，正在经历广泛而深刻的社会变革，推进改革发展、调整利益关系往往牵一发而动全身。"[①]随着发展进入了新阶段，我国社会主要矛盾发生了变化，但我国仍处于并将长期处于社会主义初级阶段的基本国情没有变，我国是世界上最大发展中国家的国际地位没有变。发展仍然是解决我国所有问题的关键，但我们面临的发展环境较以往发生了深刻复杂的变化，发展的不平衡不充分已经成为突出的问题。如果在之前的发展阶段，我们更多注重一个领域一个领域地重点突破，解决社会生产落后的问题，那么发展到了今天，我们就必须更加注重发展的系统性和协调性，着重解决好发展不平衡不充分的问题。这就要求我们坚持系统观念，树立大局意识，通过加强顶层设计和整体谋划来增强改革发展的系统性、整体性和协同性。

① 习近平：《高举中国特色社会主义伟大旗帜 为全面建设社会主义现代化国家而团结奋斗——在中国共产党第二十次全国代表大会上的报告》，人民出版社 2022 年版，第 20—21 页。

（一）系统观念是中国共产党长期坚持的科学思想方法

习近平总书记指出："事物是普遍联系的，事物及事物各要素相互影响、相互制约，整个世界是相互联系的整体，也是相互作用的系统。坚持唯物辩证法，就要从客观事物的内在联系去把握事物，去认识问题、处理问题。"[①] 坚持系统观念分析问题和解决问题，依照事物发展的整体性和关联性进行系统设计，做到相互促进、相得益彰，坚持"两点论"和"重点论"的统一，以重点突破带动整体推进，在整体推进中实现重点突破，这是中国共产党长期坚持的科学思想方法和工作方法，是我们攻坚克难、创造百年辉煌的重要经验。

早在新民主主义革命时期，毛泽东就多次论述过系统观念的方法。1949 年 3 月，在《党委会的工作方法》中，毛泽东把坚持系统观念形象地称为"学会弹钢琴"："弹钢琴要十个指头都动作，不能有的动，有的不动。但是，十个指头同时都按下去，那也不成调子。要产生好的音乐，十个指头的动作要有节奏，要互相配合。党委要抓紧中心工作，又要围绕中心工作而同时开展其他方面的工作。……不能只注意一部分问题而把别的丢掉。凡是有问题的地方都要点一下，这个方法我们一定要

① 习近平：《论把握新发展阶段、贯彻新发展理念、构建新发展格局》，中央文献出版社 2021 年版，第 84 页。

学会。”[1] 在《中国革命战争的战略问题》中，毛泽东强调：“因为懂得了全局性的东西，就更会使用局部性的东西，因为局部性的东西是隶属于全局性的东西的。”[2] 在《矛盾论》中，毛泽东强调，中国共产党人“不但要研究每一个大系统的物质运动形式的特殊的矛盾性及其所规定的本质，而且要研究每一个物质运动形式在其发展长途中的每一个过程的特殊的矛盾及其本质”[3]。1956 年 4 月，在《论十大关系》中，毛泽东围绕着调动一切积极因素，建设社会主义现代化强国这个基本方针，集中论述和突出强调了系统观念这个科学方法。

党的十一届三中全会以后，以邓小平同志为主要代表的中国共产党人用系统观念认识和把握改革开放大局，探索中国特色社会主义建设规律。邓小平多次强调，我们处理任何问题，都要从大局着眼，小局服从大局，小道理服从大道理。“要提倡顾全大局。有些事从局部看可行，从大局看不可行；有些事从局部看不可行，从大局看可行。归根到底要顾全大局。”[4] 邓小平十分注重大局优先，始终强调一切服从大局。比如，在区域经济发展问题上，将先发展后发展的问题概括为“两个大局”。1988 年 9 月 12 日，邓小平在《中央要有权威》的著名谈话中，对“两

① 《毛泽东选集》第四卷，人民出版社 1991 年版，第 1442 页。
② 《毛泽东选集》第一卷，人民出版社 1991 年版，第 175 页。
③ 《毛泽东选集》第一卷，人民出版社 1991 年版，第 310 页。
④ 《邓小平文选》第二卷，人民出版社 1994 年版，第 82 页。

个大局”重要思想作了经典的阐述：“沿海地区要加快对外开放，使这个拥有两亿人口的广大地带较快地先发展起来，从而带动内地更好地发展，这是一个事关大局的问题。内地要顾全这个大局。反过来，发展到一定的时候，又要求沿海拿出更多力量来帮助内地发展，这也是个大局。那时沿海也要服从这个大局。”① 在考虑全局时，也要注重抓主要矛盾、抓中心环节来带动全局。他认为，经济建设是事关全局的主要矛盾，现阶段“最主要的是搞经济建设，发展国民经济，发展社会生产力”②。“现代化建设的任务是多方面的，各个方面需要综合平衡，不能单打一。但是说到最后，还是要把经济建设当作中心。离开了经济建设这个中心，就有丧失物质基础的危险。其他一切任务都要服从这个中心，围绕这个中心，决不能干扰它，冲击它。”③

进入改革开放与现代化建设新时期，正确处理现代化建设中的重大关系，加强统筹兼顾，促进协调发展，成为一项摆在党和全国人民面前的紧迫任务。

随着改革开放和经济社会发展，我国生产力水平、经济体制和社会结构都发生了很大变化，传统的计划经济体制已经被

① 《邓小平文选》第三卷，人民出版社 1993 年版，第 277—278 页。
② 《邓小平文选》第二卷，人民出版社 1994 年版，第 276 页。
③ 《邓小平文选》第二卷，人民出版社 1994 年版，第 250 页。

打破，新的社会主义市场经济体制正在建立和完善，经济、社会、文化、政治等各方面建设都面临许多新情况、新问题。对此，1995 年 9 月，江泽民在党的十四届五中全会上发表了《正确处理社会主义现代化建设中的若干重大关系》重要讲话，论述了中国社会主义建设中的 12 种重大关系的处理策略，成为《论十大关系》的新篇章。江泽民指出："这十二个关系是在改革和发展的新形势下带有全局性的重大问题。"①"在推进社会主义现代化建设的过程中，必须处理好各种关系，特别是若干带有全局性的重大关系。"②

进入新世纪新阶段，面对新的形势与任务，立足社会主义初级阶段基本国情，总结我国发展实践，借鉴国外发展经验，适应新的发展要求，以胡锦涛同志为主要代表的中国共产党人提出了"科学发展观"这一重要战略思想，即"坚持以人为本，全面、协调、可持续的发展观，促进经济社会和人的全面发展"，并要求做到"五个统筹"，即统筹城乡发展、统筹区域发展、统筹经济社会发展、统筹人与自然和谐发展、统筹国内发展和对外开放。这"五个统筹"实际上就是坚持系统观念的根本体现。党的十七大报告进一步对系统观念的丰富内涵进行了明确的阐述："要正确认识和妥善处理中国特色社会主义事

① 《江泽民文选》第一卷，人民出版社 2006 年版，第 474 页。
② 《江泽民文选》第一卷，人民出版社 2006 年版，第 460 页。

业中的重大关系，统筹城乡发展、区域发展、经济社会发展、人与自然和谐发展、国内发展和对外开放，统筹中央和地方关系，统筹个人利益和集体利益、局部利益和整体利益、当前利益和长远利益，充分调动各方面积极性。统筹国内国际两个大局，树立世界眼光，加强战略思维，善于从国际形势发展变化中把握发展机遇、应对风险挑战，营造良好国际环境。既要总揽全局、统筹规划，又要抓住牵动全局的主要工作、事关群众利益的突出问题，着力推进、重点突破。”① 这一重要论述，体现了中国共产党人对系统观念的科学运用，拓展了系统观念的内涵、对象和范围，体现了我们党对社会主义建设规律认识的深化，从而成为深入贯彻落实科学发展观的根本切入点和重要现实途径。

党的十八大以来，以习近平同志为核心的党中央，坚持系统谋划、统筹推进党和国家各项事业，根据新的实践需要，形成一系列新布局和新方略，带领全党全国各族人民取得了历史性成就。在这个过程中，系统观念是具有基础性的思想和工作方法。

坚持系统观念，对新时代坚持和发展中国特色社会主义进行了新布局，以新的精神状态和奋斗姿态把中国特色社会主义

---

① 胡锦涛：《高举中国特色社会主义伟大旗帜　为夺取全面建设小康社会新胜利而奋斗——在中国共产党第十七次全国代表大会上的报告》，人民出版社 2017 年版，第 16 页。

推向前进。党的十八大以来，我们党坚持系统观念，形成并统筹推进经济建设、政治建设、文化建设、社会建设、生态文明建设“五位一体”总体布局，形成并协调推进全面建成小康社会、全面深化改革、全面依法治国、全面从严治党“四个全面”战略布局。“五位一体”总体布局和“四个全面”战略布局相互促进、统筹联动，从全局上确立了新时代坚持和发展中国特色社会主义的战略规划和部署。

坚持系统观念，对全面深化改革进行顶层设计和系统推进，进一步坚持和完善中国特色社会主义制度、推进国家治理体系和治理能力现代化。全面深化改革作为全局性的伟大变革，必须从宏观战略高度来设计和谋划，加强顶层设计，总揽全局，谋划长远，从战略上统筹提出一整套改革措施，为全面改革提供指导性方案。习近平总书记指出：“在全面深化改革中，我们要坚持以经济体制改革为主轴，努力在重要领域和关键环节改革上取得新突破，以此牵引和带动其他领域改革，使各方面改革协同推进、形成合力，而不是各自为政、分散用力。”[①]也就是说，在改革的系统工程中，既要注意事物之间的普遍联系，又要抓住各部分之间的主要问题；既要讲两点论，又要讲重点论，更要注重搞好改革的顶层设计。党的十八大以来，以习近平同志为

① 习近平：《论坚持全面深化改革》，中央文献出版社 2018 年版，第 50 页。

核心的党中央，大刀阔斧、全面发力，统筹推进各领域重大改革，一系列改革举措有序有力有效落实，重要领域和关键环节改革取得突破性进展，主要领域改革主体框架基本确立。而改革之所以蹄疾步稳、扎实高效，一个重要经验就是坚持系统观念，注重改革的系统性、整体性、协同性。

坚持系统观念，沉着有力应对各种风险挑战，未雨绸缪，进行战略谋划，坚持稳中求进总基调，党和国家各项事业取得新的重大成就。习近平总书记反复强调，要坚持底线思维，增强忧患意识，提高防控能力，着力防范化解重大风险，保持经济持续健康发展和社会大局稳定。2020 年年初，新冠疫情发生以来，面对严峻复杂的国际疫情和世界经济形势，我们党坚持系统观念，统筹新冠疫情防控和经济社会发展工作，把人民生命安全和身体健康放在第一位，把握扩大内需这个战略基点，深化供给侧结构性改革，加大宏观政策应对力度，扎实做好“六稳”工作、全面落实“六保”任务，坚决维护国家主权、安全、发展利益，疫情防控工作取得重大战略成果，三大攻坚战扎实推进，经济增长好于预期，人民生活得到有力保障，社会大局保持稳定，中国特色大国外交积极推进，党和国家各项事业取得新的重大成就。

党的十八大以来，我国经济社会发展之所以发生历史性变革和取得历史性成就，就在于我们坚持人民至上，牢牢把握人民群众对美好生活的向往，坚持系统观念牢牢把握我国发展的阶段性特征，在改革发展实践中坚持整体推进，增强各项措施的关联性和耦合性，防止畸重畸轻、单兵突进、顾此失彼，在整体推进的基础上抓主要矛盾和矛盾的主要方面，采取有针对性的具体措施，努力做到全局和局部相配套、治本和治标相结合、渐进和突破相衔接，实现整体推进和重点突破相统一。

（二）坚持系统观念是应对复杂性时代课题的基本原则

我们开启了全面建设社会主义现代化国家新征程，我国发展环境面临深刻复杂变化，发展不平衡不充分问题仍然突出，经济社会发展中的矛盾错综复杂，必须从系统观念出发加以谋划和解决，全面协调推动各领域工作和社会主义现代化建设。

第一，我国发展环境面临深刻复杂变化，当今世界正经历百年未有之大变局，抓住机遇和应对挑战，牢牢把握战略主动权，必须进行系统谋划。当前和今后一个时期，我国发展仍然处于重要战略机遇期，但机遇和挑战都有新的发展变化。一方面，新一轮科技革命和产业变革深入发展，国际力量对比深刻调整，和平与发展仍然是时代主题，人类命运共同体理念深入人心；另一方面，国际环境日趋复杂，不稳定性、不确定性明显增加，经济全球化遭遇逆流，世界进入动荡变革期，单边主义、保护主义、霸权主义对世界和平与发展构成威胁，新冠疫情全球大流行带来世界经济深度衰退、国际贸易和投资大幅萎缩、国际金融市场动荡、国际交往受限，我们必须在一个更加不稳定、不确定的世界中谋求发展。国际格局深入调整，出现了新兴市场国家争取更多发展主动权的契机，但调整现有国际格局、构建新的国际格局并非易事，面临的困难也是难以预估的。我们坚持系统观念，必须以正确的历史观、大局观、角色观，预测世界发展趋势，准确把握国际形势，科学制定对外方针政策，来应对历史的大变局，并力求抓住大变局中的机遇，牢牢把握战略主动权。正如习近平总书记在推进“一带一路”建设工作5周年座谈会上所指出的：“当今世界正处于大发展大变革大调整时期，我们要具备战略眼光，树立全球视野，既要有风险忧患意识，又要有历史机遇意识，努力在这场百年未有之大变局中把握航向。”[①] 我们必须站在全局和战略高度，统筹好国内国外两个大局，既要坚持独立发展，搞好自身建设，着力防范和化解各种风险挑战，又要顺应世界大势，推动经济全球化进程，积极参与全球治理，不断推进全面对外开放的新格局；既要不断创造并牢牢把握自身发展所带来的内生性机遇，也要抓紧抓实用好世界外部环境给我们带来的外生性机遇，并通过与其他国家不断分享机遇，从而为全人类共同发展创造更

① 《习近平谈治国理政》第三卷，外文出版社2022年版，第487页。

持久、更大的机遇。

第二，我国进入了高质量发展阶段，应对各种风险挑战和解决诸多叠加矛盾，必须进行系统谋划。中国特色社会主义进入新时代，我国已转向高质量发展阶段，制度优势显著，治理效能提升，经济长期向好，物质基础雄厚，人力资源丰富，市场空间广阔，发展韧性强劲，社会大局稳定，继续发展具有多方面优势和条件，同时我国发展不平衡不充分问题仍然突出，重点领域关键环节改革任务仍然艰巨，创新能力不适应高质量发展要求，农业基础还不稳固，城乡区域发展和收入分配差距较大，生态环保任重道远，民生保障存在短板，社会治理还有弱项。我们要清醒看到，实现奋斗目标既具有充分条件，也面临艰巨任务，前进道路并不平坦，诸多矛盾叠加、风险隐患增多的挑战依然严峻复杂。

全面建设社会主义现代化国家，是一项伟大而艰巨的事业，前途光明，任重道远。当前，我国改革发展稳定面临不少深层次矛盾躲不开、绕不过，党的建设特别是党风廉政建设和反腐败斗争面临不少顽固性、多发性问题，来自外部的打压遏制随时可能升级。我国发展进入战略机遇和风险挑战并存、不确定难预料因素增多的时期，各种“黑天鹅”“灰犀牛”事件随时可能发生。我们必须增强忧患意识，坚持底线思维，做到居安思危、未雨绸缪，准备经受风高浪急甚至惊涛骇浪的重大考验。

有效应对风险挑战，解决好发展不平衡不充分的突出问题和经济社会发展中各种错综复杂的矛盾，必须从系统观念出发加以谋划和解决，牢牢把握发展和安全的战略主动权。

（三）系统观念是统筹推进建成社会主义现代化强国的方法论

坚持系统观念既是坚持唯物辩证法的根本要求，也是统筹推进建成社会主义现代化强国的方法论。学习贯彻党的二十大精神，就要牢固树立系统观念，统筹推进“五位一体”总体布局和协调推进“四个全面”战略布局，在“四个伟大”的统一中朝着全面建成社会主义现代化强国目标不断前进。

全面建成社会主义现代化强国，必须坚持系统观念统筹谋划与推进。全面建成社会主义现代化强国涉及经济、政治、文化、社会、生态等多个领域，各领域之间相互联系、相互作用。全面建成社会主义现代化强国绝不是某一领域的单打独斗，任何一个领域的发展都有可能牵动其他领域，同时也需要其他领域的密切配合。我们在工作中要坚持系统观念，加强各项事业间的关联性、系统性、可行性研究，做到统筹考虑、全面论证、科学决策，更加注重各领域的相互促进、良性互动，形成推进全面建成社会主义现代化强国的强大合力。

从空间维度看，推进全面建成社会主义现代化强国，必须处理好整体推进与重点突破的关系。系统具有整体性和结构性的特征，系统的整体性是指系统不是各要素的简单相加，而是通过一定结构实现单个要素所不具备的功能。系统的结构性是指系统内部不同的结构会影响到系统功能的发挥，应当努力实现系统结构的最优化。各领域现代化组成的中国特色社会主义现代化正是系统整体性的体现，推进全面建成社会主义现代化强国，有利于党和国家各领域事业的共同进步，因此要坚持整体推进，增强全局观念，树立“一盘棋”的思想。与此同时，社会主义现代化系统内的某一重点领域如果能够取得优先突破，那么将有效优化总体事业的内部结构，进而带动其他领域事业的进步。从时间维度看，全面建成社会主义现代化强国，必须处理好总体谋划和久久为功的关系，这就需要坚持系统观念。唯物辩证法已经揭示出，事物总是作为过程存在的，我们按照唯物辩证法的要求认识和把握事物，就要准确把握事物发展的阶段性特征，具体分析事物存在的历史条件，并依据事物的客观变化不断调整我们的主观认识。系统具有动态性的特征，系统本来就是在时间中作为过程而存在的。

全面建成社会主义现代化强国作为一个系统，同样也是一个动态变化的过程，这就需要处理好总体谋划与久久为功的关系。全面建成社会主义现代化强国需要我们作出一定的远景谋划和前瞻性战略，并且在落实谋划战略的时候坚持连贯性与灵活性的统一。一方面要坚持系统观念做好科学决策，从而保证政策的连贯性，要发扬钉钉子精神，坚持一张蓝图绘到底，避免朝令夕改现象的发生；另一方面也要解放思想、与时俱进，不断依据现实条件的变化灵活调整政策，使政策服务于各项事业发展的阶段性特征，保证我们的各项事业在长期奋斗过程中不会半途而废或误入歧途。

统筹推进“五位一体”总体布局。经济建设、政治建设、文化建设、社会建设、生态文明建设这“五位一体”是中国特色社会主义事业的总体布局，是我们党对社会主义建设规律在实践和认识上不断深化的重要成果。在“五位一体”总体布局中，经济建设居于核心地位，经济建设的效果直接影响到其他四个领域建设的发展，经济建设为其他领域的建设提供动力，一定的政治、文化、社会、生态总是对一定的经济状况的现实的反映，因此必须坚持以经济建设为中心，大力解放和发展生产力，为实现共同富裕的目标不断努力。与此同时，强调经济建设的核心地位与统筹政治建设、文化建设、社会建设、生态文明建设并不冲突，我们在推进党和国家各项事业的进程中，要注重促进经济、政治、文化、社会、生态文明建设各方面相协调，推动生产关系与生产力、上层建筑与经济基础相适应，通过政治、文化、社会、生态等领域的进步带动经济领域的发展。

协调推进“四个全面”战略布局。“四个全面”战略布局是我们党站在新的历史起点上把握我国发展新特征确定的治国理政新方略，是新的时代条件下推进改革开放和社会主义现代化、坚持和发展中国特色社会主义的战略抉择。这个战略布局的每个“全面”之间都有紧密的内在关联：不论是全面建成小康社会还是全面建设社会主义现代化国家，都标记了这一战略布局的时间维度，是明确的战略目标，在“四个全面”中居于引领地位；全面深化改革、全面依法治国、全面从严治党是三大战略举措，其中全面深化改革是这一战略布局的动力源泉，全面依法治国是这一战略布局的法治保障，全面从严治党是这一战略布局的根本政治保障。“四个全面”战略布局体现了鲜明的历史思维，着眼于我国从全面建成小康社会到全面建设社会主义现代化国家的历史进程和阶段性特征。“四个全面”战略布局体现了鲜明的战略思维，是战略目标与战略举措的有机统一体，蕴含着重大的战略意义。“四个全面”战略布局体现了鲜明的系统观念，坚持了联系、发展的观点，是两点论与重点论的统一，遵循了统筹兼顾的要求，既要在每一个“全面”上下功夫，又要在协调推进“四个全面”战略布局上下功夫。我们统筹推进全面建成社会主义现代化强国，就要统筹推进“四个全面”战略布局，坚持系统观念，做到共融共通、相互促进。

统揽“四个伟大”。实现中华民族伟大复兴是近代以来中华民族最伟大的梦想，也是当前和今后一个时期党和国家各项事业的价值旨向。实现伟大梦想，必须进行伟大斗争、建设伟大工程、推进伟大事业。这“四个伟大”紧密联系、相互贯通、相互作用，是一个有机统一的系统，其中起决定性作用的是党的建设新的伟大工程。只有进行具有许多新的历史特点的伟大斗争，才能有效应对重大挑战、抵御重大风险、克服重大阻力、解决重大矛盾，保证党和国家各项事业行稳致远。只有推进党的建设新的伟大工程，才能确保我们党永葆旺盛生命力和强大战斗力，始终成为各项事业的坚强领导核心。只有坚持和发展中国特色社会主义伟大事业，不断增强道路自信、理论自信、制度自信、文化自信，才能确保党和国家各项事业始终沿着正确的方向前进。“四个伟大”同样是坚持系统观念的体现，这一系统回答了我们该以什么样的姿态和什么样的方式来实现奋斗目标的问题。我们在推进党和国家各项事业的进程中，要统揽伟大斗争、伟大工程、伟大事业、伟大梦想，以一往无前的姿态和永不僵化、永不停滞、永不懈怠的精神状态，勇立潮头、奋勇搏击，不断夺取新的胜利。

系统观念是我们重要的思想方法和工作方法，新时代新征程，需要我们坚持系统观念，不断深化关于党和国家各项事业战略部署的整体性、关联性、协同性的认识，善于运用系统观点来理解和把握发展的远景目标，全面做好党和国家各项工作。

我们要学习掌握唯物辩证法的根本方法，坚持用联系、发展、全面的观点分析问题，增强系统思维，做好顶层设计和整体谋划，妥善处理好局部和全局、当前和长远、重点和非重点的关系，在系统中处理各种复杂关系、解决复杂矛盾，统筹推进“五位一体”总体布局和协调推进“四个全面”战略布局，在统揽伟大斗争、伟大工程、伟大事业、伟大梦想的实践中，向着第二个百年奋斗目标不断进军！

三、加强前瞻性思考、全局性谋划、整体性推进

坚持系统观念既是坚持唯物辩证法的根本要求，也是更好推进党和国家各项事业发展的必然选择。新时代新征程，我们要始终坚持系统观念，辩证认识和把握国内外大势，加强前瞻性思考、全局性谋划、战略性布局、整体性推进，善于在危机中育新机、于变局中开新局。

（一）前瞻性思考

坚持系统观念，必须加强前瞻性思考。要善于运用马克思主义立场观点方法，把历史、现实和未来贯通起来，科学预见形势发展的未来走势，把握趋势、辨明方向，要善于把当前的

问题放在过程中研究，加强前瞻性思考，把握好当前和长远的关系，不要鼠目寸光、急功近利，只管当前、不管长远，这就体现为通过系统观念不断增强工作的预见性。

依照唯物辩证法，当前和长远的关系是统一的，长远利益是由一个一个的阶段利益所组成的，当前利益只有在长远利益中才有意义。但是，在现实生活和工作实践中，当前利益和长远利益往往不一致，甚至相互冲突。有些事情，尽管从眼前看是有利的，但从长远看却是有害的，如为了眼前利益而牺牲长远利益，这就叫作缺乏谋“势”的眼光，应该力戒和避免这种急功近利的短期行为。“不谋长远者不足以谋一时”。这就要求领导干部坚持战略思维，就要自觉运用唯物辩证法正确处理当前和长远的关系，一切放眼于长远，使眼前利益服务于和服从于长远利益，甚至必要的时候为了长远利益可以牺牲和放弃眼前利益，即坚持长远性原则。

习近平总书记对于坚持辩证思维进行战略决策必须立足现实、放眼长远的问题非常重视，有很多深刻的论述。他在宁德工作时就告诫大家：“各级领导干部应时刻牢记‘欲速则不达’、‘过犹不及’的道理，克服经济建设中的急躁情绪和短期行为，做长期艰苦的努力。”[①] 他在浙江工作期间强调要坚持可

① 习近平：《摆脱贫困》，福建人民出版社 1992 年版，第 153 页。

持续发展，“我们做一切工作，都必须立足当前、着眼长远。我们强调求实效、谋长远，求的不仅是一时之效，更有意义的是求得长远之效。当前有成效、长远可持续的事要放胆去做，当前不见效、长远打基础的事也要努力去做。千万不要‘空前绝后’，出现‘前任的政绩，后任的包袱’，甚至犯下不可补救的过失，造成不可挽回的损失。”[①] 各级领导干部要树立正确的发展观和政绩观，就必须坚守“功成不必在我，功成必定有我”的思想境界，正确处理当前利益和长远利益、个人利益和群众利益、大我和小我的关系，脚踏实地做好打基础、利长远、造福人民的事情，避免脱离实际、劳民伤财的“形象工程”“政绩工程”，创造经得起历史、实践和人民检验的实绩。

习近平总书记认为，一切放眼于长远并不是仅仅停留在思想认识和战略规划上，更重要的是体现在实践中，也就是他一再强调的：坚持一张蓝图绘到底。一张好的蓝图，是要经过科学论证和实践检验的，是符合人民利益和切合实际情况的。因此，各级领导干部进行战略谋划和战略决策，必须坚持一切从实际出发，慎重绘制蓝图，切不可盲目决策、轻易抉择。一张好的蓝图一旦绘制，就不可朝令夕改、半途而废，不能因为领导的改变而轻易改弦易辙，每一届党委和政府要坚持战略定力，

---

① 习近平：《干在实处 走在前列——推进浙江新发展的思考与实践》，中共中央党校出版社 2006 年版，第 549 页。

一届接着一届干，坚持一张蓝图绘到底。

空谈误国，实干兴邦。天上不会掉馅饼，梦想必须依靠奋斗才能成真。中华民族伟大复兴绝不是轻轻松松、敲锣打鼓就能实现的，而是一个伟大的使命和一项艰巨的任务，需要一代又一代中国人民为之接力奋斗，共同努力。各级领导干部必须坚持“一分部署，九分落实”，发扬钉钉子精神，撸起袖子加油干，要以“踏石留印、抓铁有痕”的劲头，切实把各项工作落到实处，干出实效，在不懈奋斗中，沿着科学的道路和路线图，朝着既定战略目标，一步一个脚印、稳扎稳打把好的蓝图变为现实，带领人民不断创造美好生活。正如党的二十大报告所指出的：“党用伟大奋斗创造了百年伟业，也一定能用新的伟大奋斗创造新的伟业。全党全军全国各族人民要紧密团结在党中央周围，牢记空谈误国、实干兴邦，坚定信心、同心同德，埋头苦干、奋勇前进，为全面建设社会主义现代化国家、全面推进中华民族伟大复兴而团结奋斗！”①

（二）全局性谋划

坚持系统观念，必须加强全局性谋划。系统的整体性原则

① 习近平：《高举中国特色社会主义伟大旗帜 为全面建设社会主义现代化国家而团结奋斗——在中国共产党第二十次全国代表大会上的报告》，人民出版社 2022 年版，第 71 页。

告诉我们，系统的整体并不是各系统要素简单的叠加，而是通过一定结构将各个要素有机联系起来，使系统的整体具备单个要素所不具备的功能。在发展过程中，我们不能只把目光限定在单一领域的发展上，因为并不是各个领域发展的简单相加就是整体的发展。坚持系统观念，要善于把局部问题放在整体问题中观察，把握好全局和局部的关系，不要“只见树木，不见森林”，加强全局性谋划，这就体现为通过系统思维不断增强工作的系统性。因此，我们要坚持系统观念，树立大局意识，运用“全国一盘棋”的思想，通过加强顶层设计和整体谋划来增强发展的整体性。“不谋全局者，不足谋一域；不谋万世者，不足谋一时。”要树立大局意识，自觉从大局看问题，正确认识大局，自觉服从大局，在大局下谋划，在大局下行动，把自身发展放到协同发展的大局中去。要把党中央的重大战略部署同本地区、本部门、本单位的实际结合起来，创造性开展工作。

依照唯物辩证法，全局和局部是统一的，离开了全局的局部无法独立存在，离开了一个一个的局部就没有了全局，二者相互依存。但是，在现实实践中，有些时候全局利益和局部利益可能会不一致，甚至会发生冲突，这就会出现全局利益和局部利益两难选择。这个时候就要坚持把全局作为我们考虑问题、研究问题、解决问题的出发点和落脚点，正如毛泽东所指出的：“懂得了全局性的东西，就更会使用局部性的东西，因为局部性的东西是隶属于全局性的东西的。”[①] 因此，他强调：“指挥全局的人，最要紧的，是把自己的注意力摆在照顾战争的全局上面。”[②] 这有两个方面的含义：一方面，如果全局利益和局部利益发生了冲突，那么一定要着眼于全局，甚至必要的时候为了全局利益可以牺牲和放弃局部利益。另一方面，在着眼于全局的前提下，也要照顾到局部，力求做到统筹兼顾。做好局部的工作，兼顾了局部利益，也就会为全局利益的实现提供基础和条件。因此，进行战略思维和战略决策的人要在统筹兼顾中，调动一切积极因素以实现全局利益最大化。毛泽东说：“只有了解大局的人才能合理而恰当的安置小东西。即使当个排长也应该有全局的图画，也才有大的发展。”[③] 邓小平说：“地方是在中央领导下的地方，局部是在全体中的局部，因地制宜是在集中统一下的因地制宜，如果两者之间发生矛盾，地方应服从中央，局部应服从全体，因地制宜应服从集中统一。”[④]

坚持系统观念，就要按照唯物辩证法的要求，在全局和局部的统一中，一切着眼全局，即坚持全局性原则。习近平总书记一再强调全局性原则：“各级党组织和领导干部要牢固树立大局观念和全局意识，正确处理保证中央政令畅通和立足实际创

① 《毛泽东选集》第一卷，人民出版社 1991 年版，第 175 页。
② 《毛泽东选集》第一卷，人民出版社 1991 年版，第 176 页。
③ 金冲及：《毛泽东传（1893—1949）》，中央文献出版社 2004 年版，第 539 页。
④ 《邓小平文选》第一卷，人民出版社 1994 年版，第 199 页。

造性开展工作的关系，任何具有地方特点的工作部署都必须以贯彻中央精神为前提。”[①] 早在 1989 年他在宁德工作时，在《新形势下闽东财政经济的辩证观》一文中就指出：“我们有必要强调全局的观念。闽东这个全局只能服从全省乃至全国这个全局。在当前整个宏观经济的调整工作中，如果需要牺牲局部的利益，还是应该乐于承担的。我们贫困地区还没有资格谈为国家大财政作贡献，但有一点是可以尽力而为的，这就是：不该向上伸手的不伸手，可以少向上伸手的就少伸手。”[②] 在浙江工作期间，他从战略思维的高度，对领导干部要从全局视角观察和处理问题作为一项基本素质提出了要求。“各级党政‘一把手’要站在战略的高度，善于从政治上认识和判断形势，观察和处理问题，善于透过纷繁复杂的表面现象，把握事物的本质和发展的内在规律。要努力增强总揽全局的能力，放眼全局谋一域，把握形势谋大事，以‘登东山而小鲁’、‘登泰山而小天下’的气度和胸襟，始终把全局作为观察和处理问题的出发点和落脚点，以全局利益为最高价值追求，以世界眼光去认识政治形势，把握经济走势，了解文化态势；用战略思维去观察当今时代，洞悉当代中国，谋划当前浙江，切实把本地、本部门的工作放到国际国内大背景和全党全国全省的工作大局中去思考、去研究、

① 《习近平谈治国理政》第一卷，外文出版社 2018 年版，第 386 页。
② 习近平：《摆脱贫困》，福建人民出版社 1992 年版，第 77 页。

去把握，不断提高领导工作的原则性、系统性、预见性和创造性。”①

每一个领导干部坚持系统观念，就必须有大局意识和全局观念，一定要摈弃本位主义、山头主义和部门利益，一切服从全局。习近平总书记在纪念邓小平同志诞辰110周年座谈会上的讲话中充分肯定了战略思维的全局性原则：“我们要学习邓小平同志‘放眼世界，放眼未来，也放眼当前，放眼一切方面’的世界眼光和战略思维，学习他善于抓住关键、纲举目张的思想方法和工作方法，站在时代前沿观察思考问题，把党和人民事业放到历史长河和全球视野中来谋划，以小见大、见微知著，在解决突出问题中实现战略突破，在把握战略全局中推进各项工作。”②

（三）整体性推进

系统的协同性原则告诉我们，系统各要素之间的协调、协作形成拉动效应，推动事物共同前进、整体加强、共同发展。正是因为要素协调才使得系统能够向积极的方向发展，如果各要素间不能很好协调，甚至互相冲突，那么系统就会呈现为无序状态，甚至最终走向瓦解。坚持系统观念，就需要增强发展

① 习近平：《之江新语》，浙江人民出版社2007年版，第20页。
② 《习近平谈治国理政》第二卷，外文出版社2017年版，第10页。

的协同性，充分认识发展过程中各领域间的关联性、协同性，做好统筹协调工作，处理好重点与非重点的关系，分清主流和支流，坚持两点论和重点论的统一，防止单打一；同时，还要坚持问题意识，善于发现问题，进而补短板、强弱项，最终实现发展各领域间的协调并存、相互促进、整体推进。在建设社会主义现代化国家的各项工作中，我们要突出系统观念，坚持全国一盘棋，主要处理好以下几对关系。

一是处理好整体推进与重点突破的关系。推进各领域、各方面、各环节的现代化建设，一方面是要做好整体推进：通过增强全局观念，树立全国一盘棋的思想，努力实现系统结构的最优化。另一方面是要做好重点突破，寻找到现代化建设的突破点，做到以点带面，通过一个点的突破带动全局的发展。新时代新征程，我们要统筹推进“五位一体”总体布局和协调推进“四个全面”战略布局，着重解决发展不平衡不充分的问题，牢固树立协调发展的理念，促进全体人民共同富裕。同时，仍然要坚持以经济建设为中心，大力解放和发展生产力，用发展提供进步的动力，靠发展解决现实的困难，带动其他领域和环节的进步。

二是处理好整体谋划和久久为功的关系。在中国这样一个大国，实现十几亿人的现代化是前无古人的伟大事业，更是十分艰难和长远的事业，必须做好整体谋划，才能避免在建设进程中陷入歧途。与此同时，系统的开放性特征使得系统总是处在动态的过程之中，坚持系统观念绝不是一蹴而就的事情，必须做到坚持久久为功。新时代新征程，我们一方面要依据所处历史现实和发展的未来需要，做出合理的远景谋划和前瞻性战略，制定时间表、路线图，按部就班、稳扎稳打地实现各项发展目标。另一方面还要做到一张蓝图绘到底，一任接着一任干，保证政策的连贯性，避免朝令夕改现象的发生，以“功成不必在我”的境界和“功成必定有我”的担当，在接续奋斗中不断发展进步。

三是处理好加强顶层设计和狠抓落实的关系。推进社会主义现代化建设是一项复杂的系统工程，需要做好顶层设计，加强各环节的关联性、系统性、可行性研究，做到统筹考虑、全面论证、科学决策，更加注重各领域之间的相互促进、良性互动。所谓“一分部署，九分落实”，再好的规划设计如果不能落到实处也没有任何的意义。我们要在推进社会主义现代化建设过程中，发扬钉钉子精神，坚持苦干实干，力戒空谈，真正将党中央的各项远景规划落实到位。

第六章

必须坚持胸怀天下

党的二十大报告把“必须坚持胸怀天下”作为“六个必须坚持”之一，科学回答了我们秉持什么样的天下观和如何观天下的文明观问题。中国共产党的性质决定了“中国共产党是为中国人民谋幸福、为中华民族谋复兴的党，也是为人类谋进步、为世界谋大同的党”，决定了“我们要拓展世界眼光，深刻洞察人类发展进步潮流，积极回应各国人民普遍关切，为解决人类面临的共同问题作出贡献”，“推动建设更加美好的世界”。[①]因此，必须坚持胸怀天下。坚持胸怀天下为人类不断作出新的更大的贡献，是中国共产党和中国人民的庄严承诺。坚持胸怀天下彰显了中国共产党是马克思主义政党的秉性，中国共产党领导的中国特色社会主义道路是21世纪科学社会主义的旗帜；坚持胸怀天下体现了中国共产党把为中国人民谋幸福与推动人类进步事业有机结合在一起，把推进中华民族伟大复兴与推进世界和平与发展有机结合在一起。坚持胸怀天下具有重要的现

---

① 习近平：《高举中国特色社会主义伟大旗帜 为全面建设社会主义现代化国家而团结奋斗——在中国共产党第二十次全国代表大会上的报告》，人民出版社2022年版，第21页。

实意义与理论价值，是在面对百年未有之大变局复杂多变的国际形势下，中国共产党关于处理国际关系的基本原则、指导外交工作的行动指南、引领构建人类命运共同体的价值取向，集中表达了以中国式现代化推进中华民族伟大复兴对世界和平与发展的正效应，以及实现中国与世界各国多赢未来的中国发展理念。

一、胸怀天下是马克思主义的精神特质

要理解坚持胸怀天下是马克思主义的理论逻辑，就要从马克思主义的性质与目标入手。产生于19世纪40年代的马克思主义，是资本主义矛盾激化和工人运动发展的产物，马克思主义固然是关于全世界无产阶级彻底解放的学说，也是全人类彻底解放的学说。马克思主义作为人的解放学，旨在使全世界无产者和全人类都能免除繁重艰险的劳动，摆脱自然和社会任何形式的奴役，达到个人都能全面自由发展，最终建立“自由人联合体”，过着幸福美满的生活。因此，马克思主义既属于无产阶级所有，又属于全人类所有，胸怀天下是马克思主义的精神特质，蕴含着马克思人类解放观与国际主义观的思想精髓。

（一）马克思人类解放观

从宙斯那里为人类偷来火种的普罗米修斯是马克思青少年时代的偶像，普罗米修斯为摆脱枷锁而追求的解放也成为马克思选择献身“最能为人类谋福利而劳动”事业的动力。从某种意义上讲，人的解放是马克思主义研究的出发点和落脚点，从“必然王国”到“自由王国”从而实现全人类的解放，是马克思主义所描绘科学社会主义的终极目标。

1843 年马克思在《论犹太人的问题》中首次提出“人类解放”命题，他指出，“犹太人的社会解放就是社会从犹太精神中解放出来”①。在《德意志意识形态》中，马克思把人类解放归结为社会解放，把人类解放的过程看成是实现人的全面发展的过程，他指出，“‘解放’是一种历史活动，不是思想活动，‘解放’是由历史的关系，是由工业状况、商业状况、农业状况、交往状况促成的”②。在这里，马克思不仅强调要从旧式分工的束缚下解放出来，而且强调要从私有制的枷锁中解放出来。1847 年，恩格斯在回答什么是共产主义时，明确把共产主义等同于解放学说，他指出，“共产主义是关于无产阶级解放条件的学说”③。1848 年《共产党宣言》的发表，既是马克思主义诞生的

---

① 《马克思恩格斯文集》第一卷，人民出版社 2009 年版，第 55 页。
② 《马克思恩格斯文集》第一卷，人民出版社 2009 年版，第 527 页。
③ 《马克思恩格斯文集》第一卷，人民出版社 2009 年版，第 676 页。

标志，也是无产阶级革命和实现人类解放的科学纲领。《共产党宣言》把人类未来美好社会与人获得解放后的自由发展联系起来，它用形象生动的笔法这样描述："代替那存在着阶级和阶级对立的资产阶级旧社会的，将是这样一个联合体，在那里，每个人的自由发展是一切人的自由发展的条件。"① 在《资本论》中，马克思提出"自由王国"的论断，从"必然王国"到"自由王国"的发展过程，是对劳动异化扬弃的过程，是人获得解放拥有自由的过程。恩格斯进一步把解放事业纳入无产阶级的历史使命，他在《反杜林论》中指出："完成这一解放世界的事业，是现代无产阶级的历史使命。深入考察这一事业的历史条件以及这一事业的性质本身，从而使负有使命完成这一事业的今天受压迫的阶级认识到自己的行动的条件和性质，这就是无产阶级运动的理论表现即科学社会主义的任务。"②

马克思关于人类解放观可以概括为三个方面。首先，解放贯穿人类社会发展始终。人类社会从低级向高级发展的过程，就是人类从不自由到自由的解放过程，就是从"必然王国"到"自由王国"的发展过程。其次，解放是人类社会的终极目标。人类美好的共产主义社会是"自由人联合体"，是人类的"自由王国"。最后，无产阶级要解放自己就要通过阶级斗争，消灭

① 《马克思恩格斯文集》第二卷，人民出版社 2009 年版，第 53 页。
② 《马克思恩格斯文集》第九卷，人民出版社 2009 年版，第 300 页。

资本主义的私人占有制，只有消灭了旧的剥削制度才能真正消灭劳动的异化、人的异化，实现无产阶级的解放。

由此可见，“解放”在马克思主义中占据重要地位，既是手段又是目的，既是理论又是实践。

（二）马克思国际主义观

国际主义是马克思关于国际无产阶级团结的思想，是国际共产主义运动的指导原则之一。国际主义要求各国无产阶级在争取民族解放、消灭资本主义制度和建设共产主义的斗争中，在马列主义的原则基础上紧密团结，互相支援，反对共同的阶级敌人。共产主义事业是无产阶级与全人类的整体事业，因此，作为无产阶级先锋队，各国共产党人不仅应该坚持国际主义，在消灭资本主义制度的伟大事业上互相支援；而且应该胸怀天下，在争取无产阶级解放的同时推进全人类的解放。国际主义是原则，胸怀天下是视野。

要准确把握马克思主义国际主义观，就要正确处理国际主义与爱国主义之间的关系，要在承认各国无产阶级政党之间应独立自主、完全平等的基础上，在互相尊重、互不干涉内部事务的前提下，提倡无产阶级的国际合作与相互支援。

首先，无产阶级国际主义要求各国工人阶级团结起来，互相支援，才能取得革命胜利。马克思和恩格斯在《神圣家族》

等著作中总结国际工人运动的经验，阐述了无产阶级联合作战、反对资本主义的原则，成为无产阶级国际主义思想的理论基础。在《共产主义者同盟章程》和《共产党宣言》中，“全世界无产者，联合起来！”成为无产阶级国际主义经典的口号。第一国际和第二国际是欧洲各国无产阶级政党和工人阶级的国际组织，无产阶级国际主义是其宗旨。

其次，无产阶级国际主义要求把国际主义与爱国主义有机统一起来，既要反对打着国际主义旗帜干涉他国内政的大国沙文主义，又要反对各自为政的狭隘民族主义。一方面，我们看到马克思、恩格斯非常强调无产阶级要互相支援，恩格斯指出，“我们德国人，我们德国民主主义者，首先应当洗刷我们民族的这个污点。一个民族当它还在压迫其他民族的时候，是不可能获得自由的。因此，只要波兰没有从德国人的压迫下解放出来，德国就不可能获得解放。正因为这样，波兰和德国才有着一致的利益，也正因为这样，波兰的和德国的民主主义者才能够为解放两个民族而共同努力”①。另一方面，马克思、恩格斯坚持认为民族独立是一切国际合作的基础，也是无产阶级国际主义的前提。恩格斯在《致卡尔·考茨基》的信中指出，“他们（爱尔兰人和波兰人）只有真正成为国家的民族时，才更能成为国际

① 《马克思恩格斯文集》第一卷，人民出版社2009年版，第696页。

的民族。”[①] 在《致劳拉·拉法格》的信中进一步强调，“国际联合只能存在于国家之间，因而这些国家的存在、它们在内部事务上的自主和独立也就包括在国际主义这一概念本身之中”[②]。

综上可见，马克思国际主义观与马克思人类解放观相辅相成，相得益彰。人类解放事业不仅是无产阶级的使命与担当，而且也是全人类的共同理想与目标，无产阶级解放事业就是人类解放事业；无产阶级解放事业不仅是一个国家无产阶级政党的使命与担当，而且也是欧洲各国无产阶级政党的使命与担当。因此，无产阶级解放事业与无产阶级国际主义相辅相成。无产阶级解放事业与无产阶级国际主义的共同精神特质就是胸怀天下，坚持胸怀天下，就是坚持马克思主义，就是坚持马克思人类解放观，坚持马克思国际主义观。

二、胸怀天下的文化根基和执政理念

把马克思主义基本原理同中国具体实际相结合，推动马克思主义中国化，这是百年党史凝练出的颠扑不破的真理。党的二十大报告首次正式提出马克思主义基本原理同中华优秀传统文化相结合的命题，充分体现了马克思主义与时俱进的开放性。

① 《马克思恩格斯文集》第十卷，人民出版社 2009 年版，第 473 页。
② 王磊选编：《马克思恩格斯论道德》，人民出版社 2011 年版，第 334 页。

“中国共产党人深刻认识到，只有把马克思主义基本原理同中国具体实际相结合、同中华优秀传统文化相结合，坚持运用辩证唯物主义和历史唯物主义，才能正确回答时代和实践提出的重大问题，才能始终保持马克思主义的蓬勃生机和旺盛活力。”[①]坚持胸怀天下是马克思主义“两个结合”的实践逻辑。

（一）胸怀天下与中华优秀传统文化契合

党的十八大以来，在“三个自信”的基础上增加“文化自信”，扩展为“四个自信”。“文化自信，是更基础、更广泛、更深厚的自信。”[②]党的二十大报告第八部分标题为“推进文化自信自强，铸就社会主义文化新辉煌”[③]，强调不仅要文化自信，而且要文化自强。文化自信自强体现在不仅推动马克思主义基本原理同中国具体实际相结合，而且推动马克思主义基本原理同中华优秀传统文化相结合。从“一个结合”到“二个结合”，这是马克思主义中国化质的飞跃。

中国共产党人之所以对于推动马克思主义基本原理同中华优秀传统文化相结合有文化自信自强，根本原因在于“中华优

---

① 习近平:《高举中国特色社会主义伟大旗帜　为全面建设社会主义现代化国家而团结奋斗——在中国共产党第二十次全国代表大会上的报告》，人民出版社 2022 年版，第 17 页。

② 习近平:《坚定文化自信，建设社会主义文化强国》，《求是》2019 年第 12 期。

③ 习近平:《高举中国特色社会主义伟大旗帜　为全面建设社会主义现代化国家而团结奋斗——在中国共产党第二十次全国代表大会上的报告》，人民出版社 2022 年版，第 42 页。

秀传统文化源远流长、博大精深，是中华文明的智慧结晶，其中蕴含的天下为公、民为邦本、为政以德、革故鼎新、任人唯贤、天人合一、自强不息、厚德载物、讲信修睦、亲仁善邻等，是中国人民在长期生产生活中积累的宇宙观、天下观、社会观、道德观的重要体现，同科学社会主义价值观主张具有高度契合性”①。

中华优秀传统文化与科学社会主义价值观主张具有高度契合性，中华优秀传统文化所提倡的协和万邦天下情怀与马克思人类解放观，以及马克思国际主义观的共同的精神特质“胸怀天下”同频共振。首先，只有胸怀天下，才能以协和万邦的天下情怀治国理政。从黄帝、炎帝到明君贤良无不追求国泰民安的太平盛世，无不提倡家族和谐、社会和谐、民族和谐、国家和谐、天下和谐。其次，只有胸怀天下，才能以协和万邦的天下情怀亲仁善邻。中华民族是一个爱好和平的民族，历来崇尚“和为贵”，中华民族有着爱好和平的优良传统。全世界的兵法都在告诉我们怎么样去打胜仗，只有中国的兵法告诉我们最好不要打，“是故百战百胜，非善之善者也；不战而屈人之兵，善之善者也”。以中华文化代表符号之一的长城为例，长城不是进

① 习近平：《高举中国特色社会主义伟大旗帜 为全面建设社会主义现代化国家而团结奋斗——在中国共产党第二十次全国代表大会上的报告》，人民出版社 2022 年版，第 18 页。

攻的堡垒，而是防御的工程。“海纳百川，有容乃大”的胸怀天下是绵延5000多年中华文化的精神特质。费孝通“各美其美，美人之美，美美与共，天下大同”16字箴言表达了中华文化宽广与包容的精神品质与价值追求。

因此，弘扬中华优秀传统文化就要坚持胸怀天下，坚持胸怀天下才能弘扬中华优秀传统文化，是马克思主义基本原理同中华优秀传统文化的结合。

（二）胸怀天下是中国共产党人的世界观

中国共产党是为中国人民谋幸福的政党，也是为人类进步事业而奋斗的政党。正如习近平总书记所说：“中国共产党既为中国人民谋幸福，也把为全人类作贡献作为重要使命。”[①]2021年1月25日，习近平总书记在世界经济论坛“达沃斯议程”对话会上的特别致辞中强调，“只要是对全人类有益的事情，中国就应该义不容辞地做，并且做好”[②]。中国共产党百年奋斗的一条重要历史经验就是坚持胸怀天下，始终关注人类前途命运。“坚持胸怀天下”被列为《中共中央关于党的百年奋斗重大成就和历史经验的决议》中关于党的百年奋斗重要历史经验之一。胸怀天下是中国共产党人的世界观。

① 习近平：《论坚持党对一切工作的领导》，中央文献出版社2019年版，第213页。
② 《习近平谈治国理政》第四卷，外文出版社2022年版，第465页。

1. 中国共产党人胸怀天下的世界观是和平观

之所以要把胸怀祖国与胸怀天下结合起来，就在于解决好中国问题有助于解决世界的问题，世界问题解决得好与坏也关乎中国问题的解决。早在 1921 年 1 月，毛泽东在新民学会长沙会员大会上就指出，“中国问题本来是世界的问题”①。党的二大正式决定中国共产党加入共产国际，把中国革命与世界革命运动联系在一起。共产国际直接参与指导中国共产党的创建活动，其无产阶级国际主义也深刻影响着中国共产党早期的纲领、决议和行动。②在抗日战争时期，面对中华民族危亡，中国共产党既反对“亡国论”，又摒弃“速胜论”，坚持把马克思普遍原理同中国具体实际相结合，坚持持久战与人民战争，中国战场成为世界反法西斯东方战场的主战场。中国共产党在中国人民抗日战争中发挥了中流砥柱的作用，在领导中国人民取得打败日寇的彻底胜利的同时，为世界反法西斯战争的胜利作出了巨大贡献；世界反法西斯战争的胜利又反过来推动新民主主义革命不断迈上新的发展阶段，最终推翻三座大山，取得新民主主义革命的胜利。

中华人民共和国成立后坚决捍卫世界和平，积极支持民族

① 《毛泽东文集》第一卷，人民出版社 1993 年版，第 1 页。
② 宫玉涛：《共产国际在中国共产党成立过程中的角色作用》，《当代世界与社会主义》2021 年第 5 期。

解放运动，支持殖民地摆脱殖民统治实现国家独立，在万隆亚非会议上提出的“和平共处五项原则”是对新中国独立自主和平外交政策的全面阐释，赢得了广大亚非拉国家的认同与支持。习近平总书记把和平形象地比喻为空气与阳光。他指出：“和平是人民的永恒期望。和平犹如空气和阳光，受益而不觉，失之则难存。没有和平，发展就无从谈起。国家无论大小、强弱、贫富，都应该做和平的维护者和促进者，不能这边搭台、那边拆台，而应该相互补台、好戏连台。”①坚持胸怀天下的和平发展观不仅为中国的发展赢得了和平的国际环境，也使中国成为维护世界和平的最重要力量之一。中国承诺无论发展到什么程度，都不会威胁谁，都不会颠覆现行国际体系，都不会谋求建立势力范围。世界和平呼唤和平力量，呼唤和平文化，中国历来崇尚“和为贵”，中国梦是和平梦，中国始终是世界和平的建设者、全球发展的贡献者、国际秩序的维护者。“和平的愿望扎根于中国人心中，融化在中华民族的血液里。近代中国遭遇了一个多世纪的动荡和战火，人民经历了深重苦难。中国人民热爱并珍惜来之不易的和平局面。中国发展离不开和平稳定的国际和周边环境，中国成长将壮大维护世界和平的正义力量。”②

① 习近平：《共同创造亚洲和世界的美好未来——在博鳌亚洲论坛 2013 年年会上的主旨演讲》，人民出版社 2013 年版，第 5 页。
② 习近平：《共同谱写中越友好新篇章——在越南国会的演讲》，《人民日报》2015 年 11 月 7 日。

2. 中国共产党人胸怀天下的世界观是发展观

和平是发展的基础，只有在和平的国际环境中，世界各国才能保持正常的经济交往和顺利实现本国的发展。发展是和平的保障，和平事业建立在物质基础上，经济贸易往来有助于增进各国人民的友好往来和相互了解，有助于消除世界上不稳定的因素，有助于减少发生军事冲突的可能性。1985 年，邓小平明确提出和平与发展是当代世界两大主题。改革开放以来，中国共产党高举和平发展旗帜，建立社会主义市场经济体系，加入国际贸易组织，推动中国经济与世界经济深度融合发展。2020 年，我国 GDP 突破 100 万亿元人民币，2021 年，GDP 继续增长达到 114.37 万亿元。2022 年，我国经济总量突破 120 万亿元，达到 121 万亿元，这是继 2020 年、2021 年连续突破 100 万亿元、110 万亿元之后又跃上新的台阶。目前，我国已成为世界经济第二大国、货物贸易第一大国、外汇储备第一大国、服务贸易第二大国、对外投资第二大国，在移动通信、现代核电、载人航天、量子科学、深海探测、超级计算等高科技领域也取得重大突破。改革开放 40 多年的成功经验证明，“我们要站在世界历史的高度审视当今世界发展趋势和面临的重大问题，坚持和平发展道路，坚持独立自主的和平外交政策，坚持互利共赢的开放战略，不断拓展同世界各国的合作，积极参与全球治理，在更多领域、更高层面上实现合作共赢、共同发展”①。

3. 中国共产党人胸怀天下的世界观是共同治理观

全球化是不可逆转的发展潮流，全球处在“地球村”中，全球利益与国别利益日益密切结合，最终形成“你中有我，我中有你”的全球利益共同体。任何一环出现问题，都可能导致全球利益链中断，因此，呼唤全球共同治理观。共同治理观就是“共商共建共享”，方向是“倡导国际关系民主化”。党的十八大报告提出“加强同世界各国交流合作，推动全球治理机制变革，积极促进世界和平与发展，在国际事务中的代表性和话语权进一步增强，为改革发展争取了有利国际环境”②。习近平总书记指出：“中国秉持共商共建共享的全球治理观，倡导国际关系民主化，坚持国家不分大小、强弱、贫富一律平等，支持联合国发挥积极作用，支持扩大发展中国家在国际事务中的代表性和发言权。中国将继续发挥负责任大国作用，积极参与全球治理体系改革和建设，不断贡献中国智慧和力量。”③党的二十大报告指出：“中国积极参与全球治理体系改革和建设，践行共商共建共享的全球治理观，坚持真正的多边主义，推进国际关

① 习近平：《在纪念马克思诞辰 200 周年大会上的讲话》，人民出版社 2018 年版，第 22 页。

② 胡锦涛：《坚定不移沿着中国特色社会主义道路前进　为全面建成小康社会而奋斗——在中国共产党第十八次全国代表大会上的报告》，人民出版社 2012 年版，第 4 页。

③ 习近平：《决胜全面建成小康社会　夺取新时代中国特色社会主义伟大胜利——在中国共产党第十九次全国代表大会上的报告》，人民出版社 2017 年版，第 60 页。

系民主化，推动全球治理朝着更加公正合理的方向发展。”①

“世界潮流，浩浩荡荡，顺之则昌，逆之则亡。”中国新民主主义革命与中国特色社会主义取得的成就，离不开中国共产党人胸怀天下的情怀与价值追求。正是由于中国共产党人有胸怀天下的世界观，内审中国之情势，外察世界之潮流，兼收众长，益以新创，中国发展才能与世界潮流相向而行，中国的发展推动了世界的发展，世界的发展为中国的发展提供了广阔的空间。“党的百年奋斗深刻影响了世界历史进程”②就是对党的百年奋斗史与世界历史进程相得益彰关系的精准说明。

三、胸怀天下推动构建人类命运共同体

党的二十大报告在推进马克思主义中国化的基础上提出了推进马克思主义时代化的命题，指出，“推进马克思主义中国化时代化是一个追求真理、揭示真理、笃行真理的过程”③。一方面，推进马克思主义中国化时代化的必要条件是要求有“海纳

① 习近平：《高举中国特色社会主义伟大旗帜 为全面建设社会主义现代化国家而团结奋斗——在中国共产党第二十次全国代表大会上的报告》，人民出版社 2022 年版，第 62 页。
② 《中共中央关于党的百年奋斗重大成就和历史经验的决议》，人民出版社 2021 年，第 64 页。
③ 习近平：《高举中国特色社会主义伟大旗帜 为全面建设社会主义现代化国家而团结奋斗——在中国共产党第二十次全国代表大会上的报告》，人民出版社 2022 年版，第 16 页。

百川”胸怀天下的气度；另一方面，坚持胸怀天下才能“以海纳百川的宽阔胸襟借鉴吸收人类一切优秀文明成果”①，在推进马克思主义中国化时代化的进程中探索出中国特色社会主义的成功道路，探索出科学社会主义在21世纪引领人类文明发展的成功道路。因此，坚持胸怀天下是推进马克思主义中国化时代化的现实路径，是以中国式现代化引领实现中华民族伟大复兴中国梦的必由之路。

（一）促进中国与世界共赢

坚持胸怀天下推进马克思主义中国化时代化，关键一招就是改革开放。当世界社会主义运动在20世纪80年代末90年代初陷入低谷，从改革开放中走出的中国特色社会主义道路粉碎了福山所谓的“历史终结论”，重新挽回了世人对社会主义的信心，让科学社会主义的真理在21世纪焕发青春。

改革开放是决定当代中国命运的关键一招，是党和人民大踏步赶上时代的重要法宝。2012年12月31日，习近平总书记在主持十八届中央政治局第二次集体学习时的讲话中指出，“改革开放只有进行时没有完成时。没有改革开放，就没有中国的

① 习近平：《高举中国特色社会主义伟大旗帜　为全面建设社会主义现代化国家而团结奋斗——在中国共产党第二十次全国代表大会上的报告》，人民出版社2022年版，第21页。

今天，也就没有中国的明天”[①]。

随着改革进入攻坚期、深水区，一方面国内发展中的问题和发展后的问题交织叠加、错综复杂；另一方面国际上面对百年未有之大变局，这就决定了改革开放进入了深水区，需要重视顶层设计，推动治理体系与治理能力的现代化。习近平总书记指出：“改革开放已走过千山万水，但仍需跋山涉水，摆在全党全国各族人民面前的使命更光荣、任务更艰巨、挑战更严峻、工作更伟大。”[②]

党的二十大报告在总结党和国家事业在过去 10 年取得的辉煌成就时对改革开放提出了新的要求与目标——“我们以巨大的政治勇气全面深化改革，打响改革攻坚战”“我们实行更加积极主动的开放战略”[③]。因此，中国特色社会主义进入新时代，不仅依然要坚持改革开放，而且要坚持深化改革，要坚持更加积极主动的开放，要推动改革开放迈上新的台阶。

首先，中国要为世界发展作出贡献，关键是要办好自己的事情。“中国一心一意办好自己的事情，既是对自己负责，也是为世界作贡献。随着中国不断发展，中国已经并将继续尽己所

① 《习近平关于全面深化改革论述摘编》，中央文献出版社 2014 年版，第 4 页。
② 《十九大以来重要文献选编》（上），中央文献出版社 2019 年版，第 739 页。
③ 习近平：《高举中国特色社会主义伟大旗帜　为全面建设社会主义现代化国家而团结奋斗——在中国共产党第二十次全国代表大会上的报告》，人民出版社 2022 年版，第 9 页。

能，为世界和平与发展作出自己的贡献。”[①]构建国际国内“双循环”就是深化改革全面开放的战略布局。

其次，要高度重视正确处理改革发展和安全之间的关系，坚持把改革的力度、发展的速度和社会可承受的程度统一起来，在保持安全稳定中推进改革发展，通过改革发展促进安全稳定。党的二十大要求：“必须坚定不移贯彻总体国家安全观，把维护国家安全贯穿党和国家工作各方面全过程，确保国家安全和社会稳定。”[②]

最后，要推动构建开放型经济新体制，推动开放的中国与开放型全球经济对接，推动发展的中国与全球经济发展实现共赢。在上海举办的中国国际进口博览会是迄今为止世界上第一个以进口为主题的国家级展会，被习近平总书记比喻为中国向世界提供的“公共产品”。进博会充分体现了中国支持多边贸易体制、推动发展自由贸易的一贯立场，向世界展示了中国推动建设开放型世界经济、支持经济全球化的实际行动。共赢发展是全球经济与中国经济的内在要求，中国发展是世界的机遇，中国发展能够外溢世界各国的发展，中国发展就更能为世界所

① 习近平：《出席第三届核安全峰会并访问欧洲四国和联合国教科文组织总部、欧盟总部时的演讲》，人民出版社 2014 年版，第 26 页。

② 习近平：《高举中国特色社会主义伟大旗帜　为全面建设社会主义现代化国家而团结奋斗——在中国共产党第二十次全国代表大会上的报告》，人民出版社 2022 年版，第 52 页。

接纳，这样共赢的发展才是可持续发展。

（二）弘扬全人类共同价值

构建人类命运共同体是中国共产党人面对百年未有之大变局、坚持独立自主和平外交政策而提出解决当今和平与发展难题的中国方案。党的十九大报告6次提及“人类命运共同体”。2018年3月11日，第十三届全国人民代表大会第一次会议通过的宪法修正案，将宪法序言第12自然段中“发展同各国的外交关系和经济、文化的交流”修改为“发展同各国的外交关系和经济、文化交流，推动构建人类命运共同体”。[①]党的二十大报告把“人类命运共同体”列入第十四专题论述：“中国始终坚持维护世界和平、促进共同发展的外交政策宗旨，致力于推动构建人类命运共同体。”[②]

用胸怀天下的视野看待我们生活的地球。21世纪“你中有我，我中有你，命运相连”的全球化是19世纪全球化的升级换代，我们早已生活在全球化不可逆转的进程中。马克思虽然没有使用“全球化”，但他是用“世界历史”表达了“全球化”的含义。“当前，世界多极化、经济全球化、社会信息化、文化

① 《中华人民共和国宪法》，人民出版社2018年版，第7页。
② 习近平：《高举中国特色社会主义伟大旗帜 为全面建设社会主义现代化国家而团结奋斗——在中国共产党第二十次全国代表大会上的报告》，人民出版社2022年版，第60页。

多样化深入发展，各国相互关联、相互依存程度之深前所未有，充分印证了马克思、恩格斯在《共产党宣言》中所作的科学预见。”[①] 人类命运共同体的命题是对马克思世界历史理论的丰富和发展，是对当今世界历史发展趋势的科学把握。

用胸怀天下的态度解决人类面对的共同难题。面对周期性世界经济危机，以及地区冲突、恐怖主义、难民、气候变化等全球性难题，中国愿意与各国人民“共商，共治，共享”，把世界建设得更加美好，让人类明天更加美好。“这个世界，各国相互联系、相互依存的程度空前加深，人类生活在同一个地球村里，生活在历史和现实交汇的同一个时空里，越来越成为你中有我、我中有你的命运共同体。”[②] 站在世界历史的高度，构建休戚与共的人类命运共同体，这是破解全球性难题的唯一正确选择，这是对世界和平与发展贡献的中国方案。

用胸怀天下的高度为创造人类美好未来而不懈努力。“人类命运共同体”倡议与《联合国宪章》以及联合国提出的“全球治理”具有叠加性、一致性；人类命运共同体是责任共同体、利益共体、行动共同体；“人类命运共同体”主张反对一切形式的保护主义、孤立主义、恐怖主义，表达了中国坚定维护以《联合国宪章》的宗旨和原则为核心的国际秩序和国际体系，推

① 习近平：《学习马克思主义基本理论是共产党人的必修课》，《求是》2019 年第 22 期。
② 《十八大以来重要文献选编》（上），中央文献出版社 2014 年版，第 259 页。

进国际关系民主化，支持联合国发挥积极作用，支持广大发展中国家在国际事务中的代表权和发言权，积极应对各类全球性挑战，维护国际和地区和平稳定。

人类命运共同体从一种国际治理理念走向国际治理实践，需要经历传播、沟通、交流、接受的过程。在这个过程中，一方面需要提高外宣水平，以“国际社会听得懂的语言，愿意听的方式”准确诠释人类命运共同体的命题；另一方面需要以胸怀天下的气度接受暂时被曲解、被冷落，耐心等待全球治理的中国方案在实践中显出英雄本色。“青山遮不住，毕竟东流去。”人类命运共同体终将为全人类所接受。

值得特别关注的是，在党的二十大报告中专门论及全人类共同价值，“我们真诚呼吁，世界各国弘扬和平、发展、公平、正义、民主、自由的全人类共同价值，促进各国人民相知相亲，尊重世界文明多样性，以文明交流超越文明隔阂，文明互鉴超越文明冲突，文明共存超越文明优越，共同应对各种全球性挑战”[①]。“全人类共同价值”的提出极大地丰富了人类命运共同体的命题的内涵与深度，传达了“弘扬和平、发展、公平、正义、民主、自由的全人类共同价值”就是人类命运共同体的价值追

① 习近平：《高举中国特色社会主义伟大旗帜 为全面建设社会主义现代化国家而团结奋斗——在中国共产党第二十次全国代表大会上的报告》，人民出版社 2022 年版，第 63 页。

求。中国提出的“人类命运共同体”蕴含着胸怀天下的情怀与价值追求，这样的人类命运共同体就是包容不同社会制度、不同种族民族、不同文化文明的全人类的命运共同体。

（三）为世界谋大同

中国特色社会主义道路是实现我国社会主义现代化和创造人民美好生活的必由之路。中华人民共和国成立 70 多年来，发展创造了世所罕见的奇迹，不仅令国人振奋，也让世界瞩目。坚持走符合自己国情的发展道路，正是我们取得辉煌成就的一个根本原因。中国道路之所以管用，是因为坚守了马克思主义的道统，汲取了传统文化的智慧，遵循了人类社会发展的一般规律，从而使其跨越了时空的局限性，具有了一般的普适性因素，被赋予了世界意义和历史意义。

中国特色社会主义进入新时代，这意味着中国特色社会主义道路、理论、制度、文化不断发展，拓展了发展中国家走向现代化的途径，给世界上那些既希望加快发展又希望保持自身独立性的国家和民族提供了全新选择，为解决人类问题贡献了中国智慧和中国方案。

中国道路打破了西方发展路径“唯一正确”的神话。长期以来，西方国家发展展示了其强于大多数发展中国家的硬实力和软实力，并妄自宣称其是唯一正确的发展路径和模式，强迫其他国家照搬照抄。但事实却是这套模式与许多国家的国情不相符，结果不仅没能取得发展进步，反而带来了混乱和灾难。实际上，世界是多向度发展的，世界历史更不是单线式前进的。中国道路不仅带来了经济的高速发展，还带来了稳定的社会秩序和人民安居乐业。特别是在全球经济增长乏力的背景下，中国经济一枝独秀。与此同时，中国积极承担国际责任，树立起了负责任大国形象。这种种表现，都使得中国道路越来越受到国际社会的关注，越来越受到世界的广泛认同。

中国道路鼓舞了发展中国家积极寻找适合自身的发展道路。中国道路是中国人民在长期实践中自行探索出来的，既没有成例可以遵循，也不能原封不动移植他处。习近平总书记强调："当代中国的伟大社会变革，不是简单延续我国历史文化的母版，不是简单套用马克思主义经典作家设想的模板，不是其他国家社会主义实践的再版，也不是国外现代化发展的翻版，不可能找到现成的教科书。"① 因此，中国道路的成功实践充分说明了发展中国家可以找到适合自身发展的道路，而不必照抄照搬别的道路。每个国家都有着不同的历史文化，有着不同的资源禀赋，有着不同的现实国情，世界上很难找到一种放之四海而皆准的发展道路。世界上的各个发展中国家要想实现自身的

① 习近平：《在哲学社会科学工作座谈会上的讲话》，人民出版社 2016 年版，第 21 页。

独立发展，就要努力寻找适合自身的发展道路。同时我们相信，进步和发展是不可阻挡的潮流，每一个国家一定可以找到适合自身状况的发展道路。

中国道路正是和平发展的道路，昭示着人类和平发展的共同期盼。中国道路高举和平、发展、合作、共赢的旗帜，呼吁建设持久和平、普遍安全、共同繁荣、开放包容、清洁美丽的世界。中国道路之所以能够得到世界范围的广泛关注，很大程度上是因为其所构建的美好愿景与世界人民的未来期盼相一致。西方一些人长期鼓吹“中国威胁论”的观点，认为中国发展就是要夺取世界霸权，挑战世界秩序。但是中国绝不会走国强必霸的道路，中国也绝不会干涉和危害世界上其他国家和地区的正当利益。反思历史我们会发现，一些强国在自身崛起过程中曾靠榨取他国利益来实现自身发展，甚至现在依旧在干涉他国权益以满足自身利益。中国曾经是殖民时代的受害者，对于恃强凌弱有着痛苦的记忆，中国绝不会把自己经历的苦难转移给别人。中国的发展不是掠夺式、侵略式的积累，从来不以牺牲他国的利益为代价。中国始终坚持正确义利观，积极扩大同各国的利益交汇点，是世界合作发展的积极推动者和重要贡献者。

中国共产党，不仅为中国人民谋幸福，为中华民族谋复兴，而且还为世界谋大同。为世界谋大同是为中国人民谋幸福和为中华民族谋复兴的逻辑必然，既体现了中国共产党关注世界发展和人类事业进步的天下情怀，也体现了中国共产党致力于实现全人类解放的崇高的共产主义远大理想，体现了立志于推动构建人类命运共同体的使命担当和博大胸襟。

为世界谋大同植根在中华民族优秀的传统文化基因中。为世界谋大同，凝聚了几千年来中华民族追求大同社会的理想。不同的历史时期，人们都从不同的意义上对大同社会的理想图景进行过描绘。从《礼记》提出“天下为公，选贤与能，讲信修睦。故人不独亲其亲，不独子其子。使老有所终，壮有所用，幼有所长，鳏寡孤独废疾者皆有所养”的社会大同之梦，到陶渊明在《桃花源记》中描述的“黄发垂髫，并怡然自乐”的平静自得的生活场景，再到康有为《大同书》中提出的“大同”理想，以及孙中山发出的“天下为公”的呐喊，一代又一代的中国人，不管社会如何进步，文化如何发展，骨子里永恒不变的就是对大同理想的追求。

为世界谋大同蕴含于共产党人人类解放的价值初心。为世界谋大同的价值理念可以看作是马克思“人类解放”理论合乎时代与现实的自然延伸。为世界谋大同作为中国共产党的一项重要使命，体现了中国共产党为实现全人类解放而努力的崇高价值追求，体现了中国共产党的人类情怀和世界历史视野。为绝大多数人谋福利，让人民大众摆脱自然界、人类社会和思想的奴役和压迫，实现每个人的自由全面发展，是马克思主义一以贯之的最高理想、价值追求和逻辑起点。这个价值理想也一直处在人类共同价值的制高点。中国共产党是以马克思主义为指导的政党，必须坚持马克思主义的人民立场，也就要求中国共产党必须把造福人民和人类解放作为自己的终身价值追求。为世界谋大同体现了中国共产党“不仅希望中国人民自己过得好，也希望各国人民都过得好”的初心，这是对全人类前途命运的关切。中国共产党必将在伟大的历史实践中坚持马克思主义的核心价值追求，不断开辟通向“自由王国”的光明大道。

为世界谋大同彰显中国共产党人使命的历史担当。习近平总书记在亚洲文明对话大会开幕式上的主旨演讲中指出：“今日之中国，不仅是中国之中国，而且是亚洲之中国、世界之中国。未来之中国，必将以更加开放的姿态拥抱世界、以更有活力的文明成就贡献世界。”[①] 我们党凝聚起全民族的磅礴力量，不仅将其用于自身建设，而且将其用于为世界繁荣发展作出贡献。为世界谋大同就是中国共产党把自身发展同国家、民族和世界的发展紧密联系起来，主动肩负起为人类作出新的更大贡献的使命。中国将积极融入世界、参与世界。中国的发展离不开世界，世界的发展也离不开中国；世界好，中国才能好；中国好，世界才更好。中国将一如既往地为世界和平稳定作贡献，一如既

① 习近平：《深化文明交流互鉴　共建亚洲命运共同体：在亚洲文明对话大会开幕式上的主旨演讲》，人民出版社 2019 年版，第 10 页。

往地为世界共同发展作贡献，一如既往地为世界文明交流互鉴作贡献。这充分体现了我们党博大的胸襟、自觉的责任意识和强烈的担当精神。

为世界谋大同提供了关切人类共同命运的中国方案。为世界谋大同不是乌托邦，而是秉持“一花独放不是春，百花齐放春满园”的文明多样性理念，构建人类命运共同体的现实实践。这是秉持全人类共同价值，把世界作为一个整体、把人类作为一个整体而进行的宏大实践。中国道路的成功有力回击了认为实现现代化只有一条道路可走的错误观点。为世界谋大同秉持各美其美、美美与共的原则，认为每个国家都有着不同的历史文化，有着不同的资源禀赋，有着不同的现实国情，一定可以找到适合自身状况的发展道路。

中国的和平发展道路打破了国强必霸的大国崛起传统逻辑，开创了一种新的境界。为世界谋大同就是以同舟共济、合作共赢的新理念，寻求多元文明交流互鉴的新局面，寻求人类共同利益和共同价值的新内涵，寻求各国合作应对多样化挑战和实现包容性发展的新道路。中国始终坚持独立自主的和平外交政策，反对霸权主义和强权政治，不干涉别国内政，永远不称霸，永远不搞扩张，坚持走和平发展道路。

马克思主义是科学的世界观和方法论，始终强调理论与实践的统一，始终坚持与社会主义实际运动紧密结合，始终与时俱进，在吸取人类优秀理论成果与实践成果的基础上不断丰富与发展。胸怀天下是马克思主义理论逻辑与马克思主义“两个结合”实践逻辑共同的精神特质，体现了共产党人“天下为公”的价值追求。共产党是无产阶级整体利益和全人类总体利益的代表，胸怀天下、心胸坦荡、海纳百川、有容乃大、恢廓大度、虚怀若谷是共产党人的精神特质，也是马克思主义科学性、实践性、开放性的本质要求。正是由于中国共产党人坚持胸怀天下的精神特质与价值追求，“坚持主持公道、伸张正义，站在历史正确的一边，站在人类进步的一边”[①]，赢得了中国人民的爱戴，赢得了世界各国人民的赞誉，成功探索出一条中国特色社会主义道路，一条中国式现代化道路。在实现第二个百年奋斗目标的征程上，中国共产党人将继续坚持胸怀天下，弘扬全人类共同价值，推动构建人类命运共同体，为解决人类面对的问题提供中国方案，为推动人类文明的进步贡献中国力量。

---

① 《中共中央关于党的百年奋斗重大成就和历史经验的决议》，人民出版社 2021 年版，第 68 页。

结　语

知道·明理·践行

党的二十大报告指出："实践告诉我们，中国共产党为什么能，中国特色社会主义为什么好，归根到底是马克思主义行，是中国化时代化的马克思主义行。拥有马克思主义科学理论指导是我们党坚定信仰信念、把握历史主动的根本所在。"习近平新时代中国特色社会主义思想是当代中国马克思主义、二十一世纪马克思主义，是中华文化和中国精神的时代精华。继续推进实践基础上的理论创新，首先要把握好习近平新时代中国特色社会主义思想的世界观和方法论，坚持好、运用好贯穿其中的立场观点方法。

一、知其然更要知其所以然

理论学习不能浅尝辄止，必须秉持抓住根本的态度，不仅知其然，更要知其所以然。"然"是具体事物、具体结论，是有条件的、相对的、变动的；"所以然"是"然"之所以成立的内在根据，是具有真理性的，即万变不离其宗的"宗"。真学真懂真信真用习近平新时代中国特色社会主义思想，不仅要知其然，更要知其所以然。这个“然”，就是其具体的结论、提法；“所以然”，最主要的就是其蕴含的世界观和方法论，贯穿的立场观点方法。只有知其所以然，才能真正领悟这一科学理论的精髓要义，进而以其指导实践和推动工作。

习近平新时代中国特色社会主义思想既与马克思列宁主义、毛泽东思想、邓小平理论、“三个代表”重要思想、科学发展观一脉相承，又与时俱进，明确坚持和发展中国特色社会主义的基本方略，提出一系列治国理政新理念新思想新战略，实现了马克思主义中国化时代化新的飞跃。知其所以然，就要既搞清楚其一脉相承的“脉”，也搞清楚其与时俱进的“进”。

马克思主义的核心价值追求是为人类求解放，根本方法是唯物辩证法，首要基本观点是实践观点，三者统一于共产党人造福人民的伟大实践中。马克思主义理论成果一脉相承的“脉”，是唯物辩证法的逻辑和追求人类解放的价值在具体历史实践中的统一，也就是马克思主义立场观点方法。与时俱进的“进”，是针对具体时代课题，坚持马克思主义立场观点方法，创造性地分析和解决具体问题得出具体结论。这些具体结论虽然具有一定的历史性、民族性、条件性等，但其中的基本价值、内在逻辑和理论品格一以贯之。

马克思主义不是一成不变的教条，而是鲜活的和发展的理论。习近平新时代中国特色社会主义思想遵循马克思主义的核心价值追求、根本方法、首要基本观点，必须坚持人民至上、必须坚持自信自立、必须坚持守正创新、必须坚持问题导向、必须坚持系统观念、必须坚持胸怀天下，立足中国特色社会主义进入新时代的历史方位，基于我国社会主要矛盾变化带来的一系列新课题，面向实现中华民族伟大复兴的宏伟目标，在改革发展稳定、内政外交国防、治党治国治军等方面提出一系列新理念新思想新战略，形成了完整系统的科学理论体系，开辟了马克思主义中国化时代化新境界。

二、知其言更要知其义

习近平总书记指出："学习不能仅停留在记住一些概念和提法。新时代以来，党的理论创新和实践创新是十分生动的，我们的学习也应该是生动的。"[①] 理论学习不是背教条、背语录，归根结底是要领悟精髓要义。学习贯彻习近平新时代中国特色社会主义思想，就要深刻把握其世界观和方法论，坚持好、运用好贯穿其中的立场观点方法，深入领会必须坚持人民至上、必须坚持自信自立、必须坚持守正创新、必须坚持问题导向、必须坚持系统观念、必须坚持胸怀天下的道理、学理、哲理，做

① 习近平：《在二十届中央政治局第一次集体学习时的讲话》，《求是》2023 年第 2 期。

到知其言更要知其义，切实把党的创新理论贯彻落实到党和国家工作各方面全过程。

把握好习近平新时代中国特色社会主义思想的世界观和方法论，就要牢牢把握贯穿其中的根本价值立场。人民性是马克思主义的本质属性，人民立场是中国共产党的根本政治立场。坚持人民至上，是习近平新时代中国特色社会主义思想的价值原点，包含了对中国特色社会主义价值取向、发展动力的科学回答和阐述，是对马克思主义唯物史观的创造性运用。坚持自信自立，就要一切为了人民、一切依靠人民，既不走封闭僵化的老路，也不走改旗易帜的邪路，坚定不移走共同富裕的中国式现代化之路。坚持守正创新，就要站稳人民立场、把握人民愿望、尊重人民创造、集中人民智慧，形成为人民所认同、所拥有的理论。坚持问题导向，就要着力解决发展不平衡不充分问题和人民群众急难愁盼问题，推动人的全面发展、全体人民共同富裕取得更为明显的实质性进展。坚持系统观念，就要将广大人民群众的根本利益、全局利益、长远利益作为着力点，以满足人民日益增长的美好生活需要为根本目的进行战略谋划和系统推进。坚持胸怀天下，就要不仅为中国人民谋幸福、为中华民族谋复兴，也为人类谋进步、为世界谋大同。

把握好习近平新时代中国特色社会主义思想的世界观和方法论，就要牢牢把握贯穿其中的唯物辩证法。唯物辩证法是认识世界和把握世界的根本方法。习近平总书记指出："唯物辩证法认为，事物是普遍联系的，事物及事物各要素相互影响、相互制约，整个世界是相互联系的整体，也是相互作用的系统。坚持唯物辩证法，就要从客观事物的内在联系去把握事物，去认识问题、处理问题。"[①] 坚持人民至上，就要统筹兼顾全局和局部、当前和长远、重点和非重点等各个方面的利益关系，让发展成果更加全面、更加公平、更加长久地惠及全体人民。坚持自信自立，就要坚持具体问题具体分析，把国家和民族发展放在自己力量的基点上，独立自主解决自己的问题，集中精力办好自己的事情。坚持守正创新，就要既确保方向正确，守马克思主义立场观点方法之"正"，又防范封闭僵化，创中国化时代化马克思主义之"新"。坚持问题导向，就要承认矛盾的普遍性、客观性，善于把认识和化解矛盾作为打开工作局面的突破口。坚持系统观念，就要善于通过历史看现实、透过现象看本质，把握好全局和局部、当前和长远、宏观和微观、主要矛盾和次要矛盾、特殊和一般的关系，提高战略思维、历史思维、辩证思维、系统思维、创新思维、法治思维、底线思维能力，为前瞻性思考、全局性谋划、整体性推进党和国家各项事业提供科学思想方法。坚持胸怀天下，必须统筹两个大局，既

① 习近平：《论把握新发展阶段、贯彻新发展理念、构建新发展格局》，中央文献出版社 2021 年版，第 84 页。

要为改革发展稳定争取良好外部条件，又要维护世界和平稳定、促进共同发展，共同创造人类美好未来。

把握好习近平新时代中国特色社会主义思想的世界观和方法论，就要牢牢把握贯穿其中的实践观点。实践观点是马克思主义首要的、基本的观点。习近平新时代中国特色社会主义思想是从新时代中国特色社会主义伟大实践中产生的理论结晶，是推动新时代党和国家事业不断向前发展的科学指南，具有实践性、时代性、创造性的鲜明品格。坚持人民至上，必须坚持全心全意为人民服务，始终致力于改善民生、增进人民福祉、为人民谋幸福，将实现最广大人民的根本利益作为党一切行动的出发点和落脚点。坚持自信自立，就要坚定“四个自信”，在新时代中国特色社会主义实践中不断提高我国社会生产力发展水平和人民生活水平，使社会主义制度优越性不断彰显，使中国特色社会主义道路越走越宽广。坚持守正创新，就要紧跟时代步伐，顺应实践发展，以满腔热忱对待一切新生事物，不断拓展认识的广度和深度，以更加积极的历史担当和创造精神为坚持、发展和运用马克思主义作出新的贡献。坚持问题导向，就要聚焦实践遇到的新问题、改革发展稳定存在的深层次问题、人民群众急难愁盼问题、国际变局中的重大问题、党的建设面临的突出问题，不断提出真正解决问题的新理念新思路新办法。坚持系统观念，必须统筹兼顾、综合施策，既以目标为着眼点，又以问题为着力点，加强前瞻性思考、全局性谋划、战略性布局、整体性推进，统筹推进“五位一体”总体布局、协调推进“四个全面”战略布局，更好推动党和国家事业发展。坚持胸怀天下，就要始终坚持维护世界和平、促进共同发展的外交政策宗旨，以实际行动致力于推动构建人类命运共同体。

三、知其道更要行其道

毛泽东指出，“对于马克思主义的理论，要能够精通它、应用它，精通的目的全在于应用”[①]。学懂弄通做实，落脚点在做实。我们要坚持知行合一，不仅知其道更要行其道，把真理力量转化为实践伟力。

面向实践活学活用。把握好习近平新时代中国特色社会主义思想的世界观和方法论，坚持好、运用好贯穿其中的立场观点方法，必须坚持解放思想、实事求是、与时俱进、求真务实，着眼解决新时代改革开放和社会主义现代化建设的实际问题，不断回答中国之问、世界之问、人民之问、时代之问，作出符合中国实际和时代要求的正确回答，得出符合客观规律的科学认识，形成与时俱进的理论成果，更好指导中国实践。只

① 《毛泽东选集》第三卷，人民出版社1991年版，第815页。

有坚持以中国化时代化的马克思主义为指导，善于把远大目标、奋斗纲领同脚踏实地、埋头苦干紧密结合起来，才能够担负起伟大的历史使命。这里关键是坚持知行合一，在实践中不断坚持和发展真理，在科学理论的指导下不断推动造福人民的伟大实践。

发扬斗争精神。发扬斗争精神、增强斗争本领是实现中华民族伟大复兴的必然要求。实现民族复兴的历史进程充满荆棘与坎坷，只有靠斗争才能争取更大的团结，只有靠斗争才能有战胜困难的可能。《中共中央关于党的百年奋斗重大成就和历史经验的决议》指出："敢于斗争、敢于胜利，是党和人民不可战胜的强大精神力量。党和人民取得的一切成就，不是天上掉下来的，不是别人恩赐的，而是通过不断斗争取得的。""只要我们把握新的伟大斗争的历史特点，抓住和用好历史机遇，下好先手棋、打好主动仗，发扬斗争精神，增强斗争本领，凝聚起全党全国人民的意志和力量，就一定能够战胜一切可以预见和难以预见的风险挑战。"只有发扬斗争精神，才能在实现造福人类的伟大实践中把习近平新时代中国特色社会主义思想的道义力量和真理力量转化为现实力量。

以党的自我革命推动社会革命。习近平总书记指出："在新时代，我们党必须以党的自我革命来推动党领导人民进行的伟大社会革命，把党建设成为始终走在时代前列、人民衷心拥护、勇于自我革命、经得起各种风浪考验、朝气蓬勃的马克思主义执政党，这既是我们党领导人民进行伟大社会革命的客观要求，也是我们党作为马克思主义政党建设和发展的内在需要。”[①] 政治上的坚定来自理论上的清醒。把握好习近平新时代中国特色社会主义思想的世界观和方法论，不仅要用科学理论指导实践、改造客观世界，还要用科学理论加强党性修养、改造主观世界。推动党的自我革命，是革命主体的提高与完善；推进社会革命，是对客体的改造与超越。以党的自我革命推动社会革命，正是将革命的主体与客体相联结，达到知行合一的生动体现。

① 《习近平在学习贯彻党的十九大精神研讨班开班式上发表重要讲话强调　以时不我待只争朝夕的精神投入工作　开创新时代中国特色社会主义事业新局面》，《人民日报》2018年1月6日。

后　记

POSTSCRIPT

习近平总书记主持二十届中央政治局第一次集体学习时强调："要全面把握新时代中国特色社会主义思想的世界观、方法论和贯穿其中的立场观点方法。……只有深刻领会'两个结合'、'六个必须坚持'，才能深刻理解党的二十大精神，在面对各种矛盾问题和重大风险挑战时始终做到方向明确、头脑清醒、应对有方、行动有力。"在全面建设社会主义现代化国家的新征程上，推进马克思主义中国化时代化和中国特色社会主义伟大事业，必须坚持人民至上、必须坚持自信自立、必须坚持守正创新、必须坚持问题导向、必须坚持系统观念、必须坚持胸怀天下，学深悟透、完整理解其精髓要义和活学活用其活的灵魂。在中共中央党校（国家行政学院）的教学体系中，习近平新时代中国特色社会主义思想的世界观和方法论是基础性的教学内容，是每一个学员的必修课。我在教学过程中，对这些基本问题进行了初步思考，形成了一点科研成果，并陆续在各报纸杂志上发表。在出版社的建议下，我以这些成果作为基础，进行了整理完善，汇成本书，以飨读者。

本书从构思到收集资料，从撰写初稿到审改，自始至终凝聚着集体的智慧和力量。田辉、陈骊骊、张恺、谷耀宝、王宜科、赖明明等分别和我合著了“六个必须坚持”中的“必须坚持人民至上”“必须坚持自信自立”“必须坚持守正创新”“必须坚持问题导向”“必须坚持系统观念”“必须坚持胸怀天下”的论文初稿，有的已经作为学术论文共同署名发表，这是我们共同的劳动成果。王海英、王曼、田坤、刘仁、刘金香、刘淑琪、余骏洁、张晓晨、赵鹏璞、胡雨晗、徐国旺、徐瑞坤、翁玮峤、赖明明等也都不同程度参与了本书的编写工作，付出了辛勤的劳动，在这里表示衷心的感谢！

最后诚恳地指出，鉴于党的二十大报告首次系统提出了“六个必须坚持”，作为习近平新时代中国特色社会主义思想的世界观和方法论的系统概括，还不到半年的时间，很多基本问题还在探索研究之中。本书作为一部探索性的著作，有很多问题涉及领域相当广泛，需要相当深厚的理论功底作为支撑，而本人的水平和能力十分有限，不当之处在所难免，我们恳请读者和有关专家不吝指教！

董振华

2023 年 3 月于中央党校